Mit mut machenden
Grüßen!
Stephanie
Fey

Alles geben

nur nicht

auf!

Eine Sammlung beeindruckender Geschichten
von beeindruckenden Unternehmerinnen.

Lassen Sie sich faszinieren, inspirieren und
weiter motivieren von unseren Geschichten,
die uns das Business beschert hat.

D1664677

Stephanie Feyerabend **VERLAG**

Impressum

Konzept, Entwurf und Gestaltung ...
Stephanie Feyerabend, Langenfeld

Bilder ...
Autorinnen und fotolia

Illustrationen ...
Sabine Kieber, Düsseldorf

Korrektorat ...
Eva Faßbaender, Augsburg

Vorworte ...
Jenny Gleitsmann, Dresden | Petra Polk, München

Herausgeberin ...
Stephanie Feyerabend Verlag, Langenfeld

Herstellung ...
Martin Piszczek, Düsseldorf

1. Auflage 2015
ISBN 978-3-00-050632-1

www.mutmach-geschichten.biz

Inhalt

Wie wir aus Fehlern lernen können: Anatomie eines Fehlschlages

Zeitungen und Bücher sind voll mit dem Thema „Schöner Scheitern". Prominente, Wissenschaftler und Unternehmer berichten uns, wie Niederlagen zum Erfolg führen und wie wir daraus lernen können. Doch warum fällt es uns eigentlich so schwer, mit Fehlschlägen umzugehen, wenn angeblich alles doch so einfach ist?

Um aus einem Fehlschlag zu lernen, muss der Mechanismus hinter dem Fehlschlag verstanden sein. Nur dann sind die damit verbundenen Gedanken und Emotionen verstehbar. Und die fühlen sich in der Regel weder gut noch leicht an – sondern schmerzhaft, traurig, schwer. Erst die Erkenntnis lässt uns verstehen, lachen und wachsen.

1. Einen Fehlschlag kann nur eine Person erleben, die etwas vorhat

Ich schaue in die Welt und stelle einen Mangel fest. Etwas fehlt für mich oder ist nicht in der gewünschten Qualität vorhanden. So könnte ich zum Beispiel feststellen, dass es in meiner Stadt keine gesunde Eiscreme gibt. Es mangelt mir an Eiscreme aus gesunden Zutaten.

Gedanklich erschaffe ich die Fülle zu meinem Mangel. Ich erdenke mir Eis auf der Basis von Sojamilch, mit Datteln gesüßt. In Gedanken kann ich den Geschmack schon wahrnehmen. Es schmeckt wunderbar und ist ganz cremig. Mir fällt immer mehr dazu ein – Kokosmilch, Früchte, Ahornsirup, Ricotta. Meine Idee bekommt Form.

Irgendwann sind mir die Gedanken nicht mehr genug. Jetzt treffe ich eine Entscheidung, dass nicht irgendjemand irgendwann gesundes Eis herstellen sollte, sondern ich selbst es machen werde. Ich erkläre mich zuständig dafür, den Mangel zu beheben. Mein Vorhaben ist geboren.

2. Auf dem Weg der Realisierung wachse ich

Noch immer stehe ich ganz am Anfang meines Vorhabens. Und damit auch am Anfang des Weges der Realisierung. Mir ist zu meinem Vorhaben noch mehr unbekannt als bekannt.

Mir bekannte Punkte sind die Zutaten und auch der Nutzen von gesunder Eiscreme, nämlich Genuss ohne Reue. Unbekannt ist mir noch sehr vieles: Wo bekomme ich die Zutaten her, wie funktioniert die Herstellung, ist der Einsatz von Maschinen notwendig, wie sind die Mischungsverhältnisse und, und, und.

Doch ich übernehme die Verantwortung und mache mich auf den Weg. Auf den Weg, mir das fehlende Wissen anzuzeigen und die fehlenden Fähigkeiten zu lernen.

Damit wandelt sich das Unbekannte Schritt für Schritt in Bekanntes. Mit jedem Schritt Richtung Vorhaben wachse ich mit meiner selbstgestellten Aufgabe.

3. Einen Fehlschlag erleiden

Auf meinem Weg stoße ich auf einen Widerstand, eine Schwierigkeit, eine Grenze, die sich nicht so leicht aus dem Weg räumen lässt. Sondern etwas erscheint mir in dem Moment unlösbar, unmöglich. Einfach zu schwierig. Ich könnte zum Beispiel feststellen, dass es in Deutschland keine geeigneten Eismaschinen gibt oder mein Eisfach im Kühlschrank defekt ist. Oder ich beginne mit der Eisherstellung, doch es gelingt mir nicht. Was ich auch versuche, das Eis schmeckt nicht und erreicht nicht die gewünschte Cremigkeit.

Ich treffe nun die innerliche Entscheidung, dass es zu schwierig ist, und weiche meinem Vorhaben aus. Statt Eis herzustellen, beschließe ich, lieber einen Kuchen zu backen. Das kann ich, und dafür ist alles Nötige vorhanden.

Mein Vorhaben realisiert sich nicht. Was ich ursprünglich wollte, wird keine Wirklichkeit. Ich hake mein Vorhaben innerlich ab und beginne, Ausreden zu finden. Eiscreme selbst machen ist nichts für mich und Kuchen ist doch genauso lecker.

Doch in Wirklichkeit habe ich einen Fehlschlag erlitten.

4. Die Betrachtung löst den Fehlschlag und bringt die Lösung

Noch habe ich nichts aus dem Fehlschlag gelernt. Noch konnte ich nichts daraus schöpfen. Um das zu können, muss ich die Situation genau betrachten.

Dazu gilt es erst einmal festzustellen und sich damit auseinanderzusetzen, dass man das gewünschte Ergebnis nicht erreicht hat und das Vorhaben keine Wirklichkeit geworden ist. Erst jetzt ist es möglich, das ursprüngliche Vorhaben zurück in die eigene Wahrnehmung zu holen. Und den Punkt erneut zu betrachten, an dem ich gelandet bin. Und wie sich dieser Punkt vom gewünschten Ergebnis unterscheidet.

Aus dieser Differenzierung ist es möglich festzustellen, was schiefgegangen ist. Was genau die Punkte waren, die mich von der Ausrichtung auf das Ziel abbringen konnten. Jetzt kann festgestellt werden, was gefehlt hat oder womit man nicht umgehen konnte. Aus dem Erkennen ist es möglich, Schlüsse zu ziehen. Daraus kann ich lernen

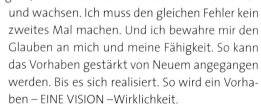

und wachsen. Ich muss den gleichen Fehler kein zweites Mal machen. Und ich bewahre mir den Glauben an mich und meine Fähigkeit. So kann das Vorhaben gestärkt von Neuem angegangen werden. Bis es sich realisiert. So wird ein Vorhaben – EINE VISION –Wirklichkeit.

Jenny Gleitsmann

Wie auch Sie mutig Ihren Weg gehen

Kennen Sie das? „Erstens kommt es anders als frau denkt."

Genau aus diesem Grund braucht es Bücher wie dieses, um Impulse zu setzen und mehr Frauen zu animieren, ihr Glück in der Selbstständigkeit zu finden.

Petra Polk

- *Rednerin – Netzwerkexpertin – Social-Media-Expertin*
- *Unternehmensberatung in Vertrieb, Marketing und Kommunikation*
- *Gründerin W.I.N Women in Network www.win-community.de*
- *Gegründet 2007*
- *Davor: Vertriebsexpertin in sechs verschiedenen Branchen*
- *Weiterbildungen: Vertriebstraining Gustav Käser Training International, Hermann-Scherer-Akademie*
- *Geschäftssitz: München. Tätig in ganz Europa*
- *51 Jahre verheiratet, zwei Kinder, ein Enkelkind*
- *www.petrapolk.com*

Auch meine Vision ist es, Frauen Mut zu machen, dass jede von ihnen ihren Weg gehen kann. Und es gehört Mut dazu, dass wir unseren Weg gehen. Denn nach fast hundert Jahren Wahlrecht für Frauen in Deutschland hat frau noch längst nicht die Stellung in der Gesellschaft, wie wir alle uns das wünschen. Denn sonst würden wir nicht von „Frauenquote" und „gläserner Decke" sprechen.

Damit sich das ändert, brauchen wir mutige Frauen, und wir sollten uns viel mehr gegenseitig unterstützen, fordern und fördern. Denn gemeinsam können wir mehr erreichen. Wir leben heute in einer Wissens- und Netzwerkgesellschaft, die uns allen zahlreiche Chancen und Möglichkeiten bietet. Lassen Sie uns diese nutzen!

In zahlreichen Gesprächen erlebe ich, dass Frauen Mut brauchen, ihren Weg zu gehen und durchzuhalten. Denn oft stehen wir als Unternehmerinnen allein auf weiter Flur und denken: „Warum geht es nur bei mir so schwer?" Die Geschichten der Protagonistinnen dieses Buches werden Ihnen zeigen, dass es keinen steilen Karriereweg nach oben gibt, sondern dass auch all diese Frauen die Treppe genommen haben, die mit vielen Herausforderungen gepflastert ist.

Als Unternehmerinnen brauchen Sie Mut in vielen Situationen Ihres Businessalltags. Einige Empfehlungen möchte ich Ihnen mit auf den Weg geben.

Seien Sie mutig ...

... Ihr Wissen „auf die Straße zu bringen"

Frauen haben viele hochwertige Ausbildungen und fragen sich immer noch, welche sie noch machen können. Mein Tipp an Sie: Beginnen Sie einfach! Geben Sie Ihr Wissen weiter und bringen Ihr Business auf den Markt!

... sichtbar zu werden

Zeigen Sie sich persönlich und virtuell. Es schlummern noch so viele Talente und Expertinnen unsichtbar und es ist so schade, dass keiner sie kennt. Seien Sie stolz auf sich und Ihr Business, und zeigen Sie es!

... das Honorar zu nehmen, das Sie wert sind

Dass Frauen oft geringere Honorare bekommen, liegt einzig und allein an ihnen selbst. Trauen Sie sich endlich, das Honorar zu nehmen, das Sie wert sind!

... an sich zu glauben und dass Ihre Ziele und Visionen wahr werden

Das Wichtigste dabei ist, dass Sie an sich glauben. Wenn Sie es tun, werden auch andere an Sie glauben. Erlauben Sie es sich, große Ziele zu stecken und von Visionen zu träumen, denn nur dann können diese wahr werden.

Ich selbst bin begeistert von den Geschichten dieses Buches und möchte Ihnen noch folgenden Impuls mitgeben.

„Mut" können Sie wie folgt übersetzen:

M = **Möglichkeiten** – Nutzen Sie die zahlreichen Möglichkeiten und Chancen, die Ihnen täglich gegeben werden.

U = **Unternehmen** – Zeigen Sie sich stolz darauf, Unternehmerin zu sein, und unternehmen Sie was!

T = **Tun** – Alles fängt mit Ihrem Tun an. Beginnen Sie einfach gleich heute damit!

Tun Sie nur noch das, was Sie schon immer wollten.

Ich wünsche Ihnen viel Spaß beim Lesen der Mutmach-Geschichten. Lernen Sie von den Unternehmerinnen, die mit gutem Beispiel vorangehen und Sie ermutigend an ihren Geschichten teilhaben lassen.

Petra Polk

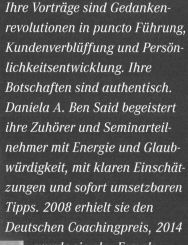

Ihre Vorträge sind Gedanken-
revolutionen in puncto Führung,
Kundenverblüffung und Persönlichkeitsentwicklung. Ihre
Botschaften sind authentisch.
Daniela A. Ben Said begeistert
ihre Zuhörer und Seminarteil-
nehmer mit Energie und Glaubwürdigkeit, mit klaren Einschät-
zungen und sofort umsetzbaren
Tipps. 2008 erhielt sie den
Deutschen Coachingpreis, 2014
wurde sie als „Female
Speaker of the Year"
ausgezeichnet.

Viele Jahre zuvor, 1998,
gründete sie ihr erstes
Unternehmen „Ben Said
Training". Richtig erfolgreich wurde sie ab 2002
mit „Quid agis", seit 2010
ist das Unternehmen mit
17 Mitarbeitern auf einem
historischen Nieder-
sachsenhof in Osnabrück
ansässig.

www.danielabensaid.com

Daniela A. Ben Said

Krisen als Initialzündungen

Daniela A. Ben Said, Referentin und Coach mit arabischen Wurzeln, hat kaum einen Fehler ausgelassen, aber stets daraus gelernt.

„Einmal mehr aufstehen als hinfallen!" Zugegeben, das ist ein etwas abgegriffener Leitspruch. Und doch bringt er für mich exakt auf den Punkt, worum es geht. Im Leben überhaupt und ganz besonders im Leben einer Unternehmerin. Vielleicht gilt das für mich mehr als für andere, weil mir alle Voraussetzungen für einen geraden Weg zum Erfolg fehlten. Der war quasi nicht für mich angelegt. Doch das hatte auch Vorteile: Ich ließ mich nicht gleich von der ersten Katastrophe entmutigen. Allein durch meine Biografie war ich ausreichend darin geschult, Hindernisse überwinden zu müssen.

Ich wusste immer ganz genau, wie sich Anderssein anfühlt, mit welchen speziellen Herausforderungen es verbunden ist. In meinen ersten Lebensjahren, es waren die Siebziger, wurde ich allein von meiner Mutter aufgezogen, die drei Tage nach meiner Geburt gerade einmal 18 Jahre alt wurde und sich in der Ausbildung zur Krankenschwester befand. Mein tunesischer Vater lebte damals noch nicht in Deutschland. Mit meinem schwarzen Haar, meiner dunklen Haut, meinem außergewöhnlichen Nachnamen und meiner jungen, alleinerziehenden Mutter erfuhr ich früh, was Ausgrenzung bedeutet. An meinem ersten Schultag wollte kein anderes Kind neben mir sitzen. Ich hatte es mir nicht ausgesucht, ich war als Außenseiterin geboren.

Den Glauben an sich selbst nie verlieren

Oft gab man mir das Gefühl, weniger wert zu sein als andere. Doch statt den Kopf in den Sand zu stecken, wollte ich allen beweisen, was ich konnte, was in mir steckte. Ich bestand mein Abitur, probierte es mit einem Jura-Studium, entdeckte die Psychologie für mich, hielt mich mit allerlei Jobs über Wasser und fand schließlich über eine Fortbildung Zugang zu Speakern und Trainern. Schnell merkte ich: Diese Welt war meine Welt. Sie entsprach meinen Begabungen und meiner Intention, meine eigenen Erfahrungen weiterzugeben.

Nach Tätigkeiten als Fitness-Trainerin machte ich mich schließlich in einem 15 Quadratmeter großen Büro im Haus meiner Eltern selbstständig. Ich war Unternehmerin und lernte dennoch permanent weiter: NLP, Hypnose, Transaktionsanalyse, Kommunikation. Schließlich spezialisierte ich mich auf Coaching und Business-Vorträge.

Die Bürogröße wuchs ebenso wie der Umsatz. Ich stelle meine ersten Mitarbeiter ein, buchte Seminarräume dazu, hatte die erste Studiengruppe, schrieb Bücher. Aus Ben Said Training war längst „Quid agis" geworden.

Den Vertrag für den Kauf eines drei Hektar großen, sanierungsbedürftigen Hofanwesens unterschrieb ich einen Tag vor Weihnachten 2010 mit zitternder Hand. Natürlich war Angst im Spiel. Ich fürchtete, mit dieser großen Investition zu scheitern. Den Glauben an mich selbst aber verlor ich nie, obwohl ich immer wieder vieles veränderte und bis heute verändere. Erst vor kurzem habe ich mein Unternehmen komplett umstrukturiert.

Niederlagen sind nicht der Anfang vom Ende

Dennoch kann man in der Nachbetrachtung bislang sicher von einer Erfolgsgeschichte sprechen. Mittlerweile halte ich 200 Fachvorträge pro Jahr, habe eine eigene Akademie und 17 Mitarbeiter und zehn Juniortrainer unter meine Fittiche genommen. Welche Vielzahl an Lerneinheiten nötig war, um so weit zu kommen, lässt sich allenfalls ansatzweise in den obigen Sätzen erahnen. Ich habe nämlich kaum einen Fehler ausgelassen, den man als junge Selbstständige machen kann.

> *Ich bin zwar noch nicht da, wo ich hinwill –*
> *aber ich bin auch nicht mehr da, wo ich mal war.*
>
> *Daniela A. Ben Said*

Einen Auszug davon möchte ich hier darstellen – um damit all jenen Mut zu machen, die glauben, eine Niederlage sei der Anfang vom Ende. Für mich war sie oft vielmehr der Anfang von etwas noch Größerem, die Initialzündung für den nächsten Schritt in meiner Karriere. Oft müssen wir nur die Perspektive ändern, uns beispielsweise nicht auf verlorenes Kapital fokussieren, sondern auf das Selbstvertrauen, das wir nach dem Meistern einer Krise gewonnen haben.

Oder auf den Mut und die Stärke, die uns schwierige Situationen abverlangt haben. Ich weiß nun, dass ich über die wichtigsten Skills verfüge – und das gibt mir die Sicherheit, auch künftige Missgeschicke bewältigen zu können.

Die Insolvenz vor Augen

Aber zurück zu denen der Vergangenheit. Im Jahr 2001 wollte ich mich professioneller aufstellen und einen neuen Namen für mein Unternehmen. Ben Said Coaching schien mir zu profan. Eine Werbeagentur schlug „Quo vadis" vor und ich steckte mein gesamtes Erspartes in die Gestaltung und den Druck neuen Briefpapiers, neuer Visitenkarten usw. Als ich damit an die Öffentlichkeit ging, bekam ich kurze Zeit später Post von einem Teppichhändler aus Leipzig, der sich den Namen Quo vadis für Ausbildungen bereits hatte patentieren lassen.

Nicht aufzugeben hat sich gelohnt:

*Quid-agis-Akademie und
eigener Hof mit Pferden*

Geld für einen Anwalt hatte ich keines, für eine Umfirmierung erst recht nicht und ein befreundeter Jurastudent riet mir, die Unterlassungserklärung zu unterschreiben und erst mal im kleinen hier so weiter zu machen – das bekäme der Teppichhändler doch gar nicht mit. Zwei Monate nach Unterzeichnung rief eine vermeintliche Interessentin an und bat um ein Angebot.

Durchhalten bringt Erfolg!

Hochmotiviert sende ich meine Quo vadis-Unterlagen dorthin! Um es kurz zu machen: Es war die Sekretärin des Teppichhändlers, der mich testen wollte, ob ich mich an die unterschriebene Unterlassungserklärung auch halten würde.

Die Strafe: 150.000 Euro. Meine Insolvenz vor Augen besann ich mich auf meine Fähigkeiten im Konfliktmanagement, schließlich lehrte ich diese auch, und rief den Händler persönlich an. Er ließ sich auf 10.000 Euro herunterhandeln. Weil ich auch diese Summe nicht besaß, stürzte ich mich mit Adressen aus den Gelben Seiten in die Kaltakquise. Nach 147 Absagen buchte mich ein Startup-Unternehmen für 15.000 Euro. Da waren sie, die 10.000 Euro für den Händler, und 5000 Euro für neue Geschäftsunterlagen waren auch noch übrig.

Diese unselige Geschichte brachte mich an den Rand des Abgrunds, doch eben nur an den Rand. Als Nebeneffekt aber nahm ich fünf wichtige Erkenntnisse mit:

All das berücksichtige ich seither. Und habe dieselbe Dummheit kein zweites Mal gemacht. Dafür aber wurden neue Seiten in meinem persönlichen Buch der Fehler gefüllt. Zum Beispiel zum Thema Steuern.

Nach meinem ersten finanziell erfolgreichen Jahr bekam ich vom Finanzamt logischerweise eine Aufforderung für eine Nachzahlung in beträchtlicher Höhe, parallel dazu eine für die Zahlung der Steuern im laufenden Jahr und eine zur Vorauszahlung für das kommende Jahr.

Dies kostete mich wiederum fast meine Existenz. Ich hatte in der Aufbauphase keinen Cent zurückgelegt, sondern alles sofort wieder investiert. Doch jetzt besann ich mich auf einen der Lernerfolge meiner ersten großen Niederlage: Du kannst Kaltakquise! Ich setzte mich also ans Telefon, gewann die nächsten großen Kunden und überstand auch die zweite Krise – mit zwei neuen Lehren: Erstens ist es für einen Gründer ganz normal, scharf im Wind zu segeln. Und zweitens sollte man trotzdem immer etwas auf die hohe Kante legen.

Daniela A. Ben Said

1. *Ich beherrsche Kaltakquise.*

2. *Durchhalten bringt Erfolg.*

3. *Anwaltlichen Rat sucht man besser nicht unter seinen Freunden.*

4. *Nicht alle Werbeagenturen sind kompetent.*

5. *Ein guter Name muss geschützt werden!*

- Leiterin des OMNI Hypnose Training Center© Köln, München und Weil am Rhein

- Gegründet 2014

- Davor: Studium Wirtschaftsinformatik, Account Manager in der IT-Branche

- Weiterbildung: OMNI Hypnose Intensivausbildung, diverse Hypnosefortbildungen in der Schweiz und den USA

- Ausbildung zum Heilpraktiker

- Geschäftssitz: Effretikon, Schweiz

- Alter: 44 Jahre

- www.hypnosecenter.net

Sandra Blabl

Mit Hypnose zum unternehmerischen Erfolg!

In den Jahren meiner Tätigkeit in der IT-Branche merkte ich, dass ich mich nicht als Angestellte eigne. Das Hamsterrad lief schneller und schneller. Immer wieder geisterte der Gedanke an Selbstständigkeit in meinem Kopf herum, aber mir fehlte die zündende Idee dazu. Ich wollte mir meine Zeit selber einteilen und vor allem morgens nicht so früh aufstehen müssen. Niemandem Rapport geben müssen und keine Umsatzziele mehr erfüllen müssen. Ich wollte kein „Muss" mehr. Dann hatte ich einen Zusammenbruch, der mir meinen neuen Weg aufzeigte. Allerdings war dieser Weg steinig und steil. Aber er hat sich gelohnt, und ich würde ihn wieder gehen:

Nach meinem Studium der Wirtschaftsinformatik kam ich über einen dreijährigen Abstecher als Mitarbeiterin einer kleinen Münchner Firma für Sprachtechnologien in die große Welt der IT. Im Inside Sales des damaligen amerikanischen Marktführers im Storage-Bereich war ich von München aus für die telefonische Kundenakquise des Konzerns in der Schweiz tätig. Nach gut einem Jahr schweißtreibender Telefonakquise erhielt ich das Angebot, zum Firmensitz in die Schweiz zu wechseln und dort im Außendienst als Junior Account Manager zu arbeiten.

Mit Sack und Pack verließ ich München und zog in die Schweiz. Es dauerte gut sechs Monate, bis ich mich einigermaßen eingelebt und private Kontakte geknüpft hatte. Es folgten stressige Jahre mit viel Umsatzdruck, 60-Stunden-Wochen, Forecasts, Kampf um Abschlüsse, Kampf gegen die Wettbewerber.

Als ich noch in München wohnte, hatte ich bereits diverse körperliche Symptome, die durch den Stress des neuen Jobs stärker wurden, dazu kamen nun auch psychische Beschwerden: mehrmals pro Woche Kopfschmerzen, Schmerzen in den Schultern und Oberarmen fast bis hin zur Bewegungsunfähigkeit, Verdauungsprobleme, Schlafstörungen, Gereiztheit, Nervosität und innere Unruhe.

Die Ärzte verschrieben mir Schmerz- und Schlafmittel, außerdem gaben sie mir den Rat, ich solle den Job wechseln – als ob das so einfach wäre!

Meine Beschwerden wurden schließlich so stark, dass ich kurz vor dem Zusammenbruch war. Eine Freundin empfahl mir einen Heilpraktiker, um das Ganze aus naturheilkundlicher Sicht anzuschauen. Nach acht Sitzungen und einer Ernährungsumstellung verschwand ein Großteil meiner Symptome. Welche Wohltat!

Da ich Dinge gerne verstehen möchte, begann ich, tonnenweise Bücher über naturheilkundliche Verfahren zu lesen. Ich wollte wissen, warum diese Methoden so gut helfen, selbst dort, wo die Schulmedizin versagt.

Nach gut einem Jahr Eigenstudium geschah das Schlüsselereignis, das mein ganzes Leben umkrempeln sollte: Eine Arbeitskollegin klagte, dass sie viele Nahrungsmittelunverträglichkeiten und Allergien habe und laut Arzt viele Lebensmittel gar nicht mehr essen sollte. Dies hätte ihr Leben massiv eingeschränkt. Ich gab ihr spontan ein paar Tipps, die sie erfolgreich umsetzte. Begeistert meinte sie zu mir: „Du kennst dich so gut aus, du solltest Ernährungsberaterin werden!"

Hm, eine gute Idee. Bei den Internet-Recherchen nach entsprechenden Ausbildungen landete ich immer wieder auf Webseiten von Heilpraktikerschulen. Und plötzlich wusste ich es. Ich werde Heilpraktikerin und mache mich mit einer Praxis selbstständig!

Da ich eine Macherin bin, hatte ich schon zwei Wochen später einen Termin beim Schulleiter, und wiederum zwei Wochen danach saß ich in meinem ersten Unterricht. Es folgten drei Jahre berufsbegleitender Vor-Ort-Unterricht mit über 800 Stunden Schulmedizin und rund 1.600 Stunden Alternativmedizin. Ich hatte die ersten zwei Jahre an vielen Wochenenden Samstag und Sonntag ganztags Unterricht und war montags bis freitags in der Arbeit oder auch noch in der Schule. Dadurch hatte ich oft

bis zu acht Wochen lang keinen einzigen freien Tag, lernte abends für die Zwischenprüfungen, schrieb Hausarbeiten und bereitete Referate vor.

Erst kam der Burn-out, dann die Kündigung

Nach diesen zwei Jahren hatte ich ein Burn-out und lag drei Monate flach. Dank der Psychosomatischen Energetik, einem naturheilkundlichen Verfahren, das ich später selbst erlernte, kam ich schneller wieder auf die Beine als gedacht. Aber in der Zwischenzeit hatte mein Chef eine legale Möglichkeit gefunden, mir zu kündigen.

Kaum wieder erholt, beschloss ich, diese Kündigung als Zeichen zu sehen, mich gleich mit der Praxis selbstständig zu machen, obwohl ich noch ein Jahr Heilpraktikerschule vor mir hatte.

Kurz vor der Eröffnung machte ich noch die Ausbildung zur Hypnosetherapeutin. Am ersten Tag des Seminars sagte mein Ausbilder der Klasse einen Satz, den ich zuerst belächelte. Er lautete: „Diese Ausbildung wird euer Leben verändern!"

Nach Abschluss der Hypnoseausbildung war ich total begeistert, und in den folgenden Monaten und Jahren zeigte sich, wie recht mein Ausbilder hatte. Ich begann, mich auf den Bereich Gewichtsreduktion mittels Hypnose zu spezialisieren, da ich im Rahmen der Heilpraktikerausbildung auch den Abschluss „Ganzheitlicher Ernährungsberater" gemacht hatte.

Regelmäßige Inserate in Printmedien brachten mir von Anfang an genügend Klientinnen, sodass ich in den meisten Monaten meine wichtigsten Fixkosten decken konnte. Und die sind in der Schweiz recht happig! Aber jede zusätzliche Ausgabe wie eine Autoreparatur, die Freizeitgestaltung oder meine jährliche Fortbildung am weltgrößten Hypnosekongress in den USA musste ich aus meinen Ersparnissen finanzieren.

Endlich selbstständig

Ich reduzierte meine Ausgaben, wo es nur ging. Kein Urlaub (außer auf Balkonien), keine neue Kleidung, keine Restaurantbesuche, keine Konzerte und so weiter. Oftmals kam ich mir richtig asozial vor, da ich mich richtiggehend zurückzog. Da ich allein lebte, hatte ich alle Kosten allein zu tragen. Dennoch war ich zuversichtlich, dass sich mein Einsatz lohnen würde.

Hypnose ist eine wunderbare Behandlungsmethode ohne Medikamente und Nebenwirkungen. Es ist eine Kurzzeitintervention im Gegensatz zu langwierigen Psychotherapien. Nach meiner Erfahrung reichen meist ein bis drei Sitzungen, und das Problem oder die Krankheit des Klienten ist verschwunden. Dennoch sind immer noch so viele Menschen skeptisch, was Hypnosetherapie angeht, oder sie haben komplett falsche Vorstellungen über Hypnose, weil sie falsch informiert sind. Das erschwerte die Gewinnung neuer Klienten, obwohl sich die Menschen in der Schweiz sehr offen gegenüber Methoden zeigen, die noch nicht so etabliert sind.

Nach rund eineinhalb Jahren war es soweit, meine Ersparnisse waren aufgebraucht. Ich hatte viel Zeit und auch Geld in das Online- und Offline-Marketing investiert. Zwar hatte ich viele Klienten und sehr viel Routine und Erfahrung gewonnen, aber das schien nicht zu reichen. Ich war kurz davor, mir einen Teilzeitjob zu suchen, um den finanziellen Druck zu lösen.

In dieser Zeit inspirierte mich mein Hypnoseausbilder und Mentor Hansruedi Wipf dazu, selbst ein Fortbildungsseminar für Hypnotherapeuten und Hypnocoaches zu entwickeln. Voller Freude machte ich mich ans Werk und arbeitete monatelang daran, und schließlich konnte ich 2014 stolz den ersten Termin für die dreitägige Fortbildung „HypnoSlim® – ein ganzheitliches Programm zur Gewichtsreduktion und zur Behandlung von Essstörungen" ansetzen.

Es war innerhalb weniger Wochen mit 16 Teilnehmern ausgebucht! Die positive Energie, die ich daraus zog, wirkte sich schlagartig auch auf meine Praxis aus. Die Terminanfragen wurden mehr und mehr, und das nicht nur zu meinem Spezialgebiet, sondern auch zur Behandlung von Ängsten, Panikattacken, Zwangsstörungen, beruflichen Blockaden, geringem Selbstwertgefühl, Stimmungsschwankungen, chronischen Schmerzen und vielem mehr.

Knapp ein Jahr später erhielt ich dank meiner stets anhaltenden Begeisterung für die Hypnose und meinem Einsatz die Möglichkeit, selbst als Hypnoseausbilderin tätig zu werden. Nach einer Trainerausbildung in Florida eröffnete ich zuerst das OMNI Hypnose Training Center© in Köln, dann folgten in kurzem Abstand die Standorte München und Weil am Rhein bei Basel. Diese Kompaktausbildung umfasst die Basiskenntnisse bis hin zum Fortgeschrittenenlevel.

Noch ein langer Weg

Hatte ich es nun geschafft? Nein, nun hieß es, mich auch im Ausbildungsbereich bekannt zu machen. Dank meines Online-Netzwerks auf Facebook und vor allem durch die Weiterempfehlungen meiner bisherigen Hypnoseschüler wächst die Teilnehmerzahl meiner Ausbildungen stetig. Und es macht mir riesengroße Freude, die Techniken der Hypnose-Therapie an meine Schüler weiterzugeben und ihre entstehende Begeisterung und Fähigkeiten mitzuverfolgen.

In der Zwischenzeit wurde ich von der Schulleiterin „meiner" Heilpraktikerschule angefragt, ob ich dort ebenfalls Hypnotherapie-Ausbildung anbieten möchte, was ich seither regelmäßig mache. Die HypnoSlim® Fortbildungen laufen mehrmals jährlich in der Schweiz und in Deutschland, von München bis Lübeck.

Ich war und bin weiterhin in meiner Praxis, wo ich nun in der Regel über mehrere Wochen bis Monate ausgebucht bin.

Ich weiß jetzt, ich brauche nie wieder zu „arbeiten", denn ich lebe meine Berufung!

Dank Hypnose, die mein Leben wirklich verändert hat.

> ## Ich sehe es wie Henry Ford:
> ## „Es gibt mehr Leute, die kapitulieren, als solche, die scheitern".

Fazit

Egal wie ausgefallen deine Geschäftsidee und wie steinig dein Weg zum beruflichen Erfolg sind, egal wie viele Rückschläge du erlebst oder welche Ängste du hast: Es lohnt sich, deine berufliche Vision konsequent zu verfolgen.

Sandra Blabl

Foto © steffi behrmann

Christine Maria Brühl

- *Geschäftsführerin und Gründerin der Darmklinik Exter*

- *Einzige ganzheitliche Darmklinik in Deutschland mit Schulmedizin, Naturheilverfahren, TCM und Medical Wellness*

- *25 Mitarbeiter*

- *Seit 1987 ehrenamtlich engagiert in den Bereichen Wirtschaft und Bildung*

- *60 Jahre, 3 Kinder, 1 Enkel*

- *www.darmklinik.de*

Wer stöhnt, hat keine Zeit zum Arbeiten

Auf einem Kärntner Bauernhof mit vielen Kindern aufgewachsen, habe ich gelernt, hinzufallen und wieder aufzustehen. Mit fünf Jahren musste ich bereits zum Einkaufen in einen Tante-Emma-Laden gehen. Die Besitzerin hatte eine schöne Schrift und schrieb die Preise immer in ein gelbes Büchlein. Ich war davon so fasziniert, dass ich unbedingt auch Verkäuferin werden wollte. Dieser kleine Funke machte aus mir eine Mehrfach-Kauffrau.

Meine Minderwertigkeitskomplexe trieben mich an, mehr zu wollen

Obwohl es im Betrieb und in der Berufsschule sehr gut lief, hatte ich kein Selbstvertrauen. Wenn mich jemand ansprach, hatte ich Angst zu antworten, wurde dunkelrot im Gesicht und brachte kein Wort heraus, konnte auch meine guten Ideen nicht mitteilen. Ich war sehr unglücklich darüber und wollte einfach weg. Bis auf meine Freundin erklärten mich alle für verrückt: Ohne ein Wort Französisch, ohne Geld und dann noch als Mädchen alleine nach Paris gehen?

Wow! So etwas hatte ich noch nicht gesehen – der vornehmste Bezirk, meine Gastfamilie wohnte in einem schlossähnlichen Haus. Ich lebte wie Gott in Frankreich, bin Romy Schneider und anderen Stars begegnet und noch heute herzlich mit der Familie befreundet. Ich fühlte mich reich, die Welt gehörte mir. Mit keiner Phantasie hätte ich es mir so schön ausmalen können, und ich war dankbar für meinen Schritt.

Nach einem Jahr Paris war ich eineinhalb Jahre in London. Ich jobbte, trampte dann 10.000 Kilometer mit Rucksack und Zelt durch die Welt und packte das Leben an. Als Nächstes wollte ich nach São Paulo und nur für kurze Zeit nach Österreich, um diese Reise vorzubereiten. Die Liebe zu einem Tiroler Hotelier brachte mir meine Abschlüsse für die Gastronomie und das Hotelfach. Nach zwei Jahren kam ein deutscher Hotelgast und veränderte mein Leben wieder einmal.

Trotz sehr schwieriger familiärer Verhältnisse folgte ich dem Drängen meines Vaters, den den Ferienhof in Kärnten zu übernehmen. Der Scheidungskrieg meiner Eltern tobte, und ich wollte wieder nur schnell weg. Mit 23 Jahren wurde mir die Leitung eines neuerbauten Apart-Hotels im Stubaital in Tirol angeboten, diese Chance ergriff ich schnell. Nach einem Jahr zog ich dann doch mit einem Koffer in der Hand nach Bad Salzuflen um, bewusst ins „Abenteuer Liebe", ohne große Erwartungen.

Unternehmerin und dreifache Mutter

Es ergab sich, dass ich an einer Privatschule als Sekretärin arbeiten konnte. Mein Chef war chaotisch und die Schule fast pleite. Doch die Idee war sehr gut, der Markt für Nachhilfe und Sprachen sehr groß. Kurzum, ich kaufte meinem Chef die Schule im Jahr 1980 ab. Zusätzlich bot ich die ersten PC-Kurse. So war ich mit 25 Jahren Unternehmerin. Die Schule lief gut, und das erste Kind kam. Ich stillte meinen Sohn am Schreibtisch und versuchte mit allen Mitteln, eine Hilfe zu bekommen. Aus Not machte ich die Hauswirtschafts-Meisterprüfung und bildete Lehrlinge der städtischen Hauswirtschaft aus.

Es gab jedoch immer eine Zerrissenheit in mir. Lief es im Beruf gut, lief es zu Hause nicht rund. Hatte ich in der Familie alles im Lot, blieb in der Schule vieles offen. Wenn ich am Zweifeln war, waren meine drei Kinder diejenigen, die mich bestärkten, beruflich weiterzumachen. Die Worte meines damals zehnjährigen Sohnes zu meiner Mutter sind heute noch Balsam auf meiner Seele: „Oma, wir haben eben wichtigere Dinge zu tun als du."

Dienstleistung Mann

Ein großes Ziel von mir war, in der Ehe und beruflich getrennte Wege zu gehen. Nie wollte ich die Frau vom Doktor sein, auch nicht die Frau vom Mann, ich wollte immer „ich" sein, meinen Weg gehen. Und dennoch kam es anders. Das Institut für Proktologie in Bad Salzuflen, wo mein Mann arbeitete, stand zum Verkauf. Die Verhandlungen waren verworren. Ich griff ein, und nach einer Woche war der Vertrag unterschrieben. Es ging so schnell, da ich für beide Parteien eine Lösung gefunden hatte, durch die sich jeder Beteiligte schlagartig verbessern konnte.

Ich verkaufte die Schule, an der mittlerweile 20 Lehrer beschäftigt waren. Mit meinen Erfahrungen konnte ich das Institut vollkommen modernisieren und die erste Praxis in Deutschland mit einer vollelektronischen Karteikartenführung erfolgreich ausstatten.

> ## „Wenn ich gut bin, bin ich gut, wenn ich böse bin, bin ich besser"

Eine Auszubildende legte mir, nachdem mich jemand geärgert hatte, einen Zettel mit diesem Satz auf meinen Schreibtisch. Nachdem uns die Neider nach der Übernahme viel Ärger machten, wir unsere neuen Prospekte einstampfen und den Institutsnamen zurücknehmen sollten, war meine Kreativität aufs Höchste gefordert.

Ich produzierte ein hochwertiges Aufklärungsbuch für Patienten, den Hämorrhoiden-Atlas mit den blauen Graphiken, die heute überall in der Medizin verwendet werden. Die Kosten dafür stiegen ins Unermessliche, trotzdem wollte ich nicht von den besonderen Graphiken abweichen. So fand ich Sponsoren und gründete den Verlag Edition Universa. Das Buch startete mit einer Auflage von 50.000 Stück, es brachte knapp zwanzig Fernsehberichte und fand auch sonst viel Medienbeachtung.

Gleichzeitig begann ich mit meinen EDV-Branchenkenntnissen die Praxisberatung. Mit dieser Erfahrung, dem Bedarf für neue Räume und der Idee für eine neue ganzheitliche Darmbehandlung entstand ein Projekt, dass ich so nie im Sinn gehabt hatte.

Die Darmklinik Exter: ein Leuchtturmprojekt zur Expo 2000 in Hannover

Wie oft entsteht eine gute Sache dadurch, dass jemand selbst gravierend davon betroffen ist. Mein Bauch machte mir schreckliche Beschwerden, nahm mir Lebensqualität. Zwar bewegte ich mich unter Experten, bekam aber nie eine Antwort, weil sich niemand ganzheitlich mit den funktionellen Störungen, schon gar nicht mit der Darmflora beschäftigte.

Eine neue Positionierung mit der ganzheitlichen Darmklinik Exter wurde geschaffen. Das erste Haus, in dem Schulmedizin mit Proktologie, Gastroenterologie und Urologie, Naturheilverfahren, Ernährungskunde, Traditioneller Chinesischer Medizin und weitere medizinischen Verfahren wirklich Hand in Hand arbeitete.

Ich hatte einen Stein ins Rollen gebraucht, den ich nicht mehr aufhalten konnte. Mein Gott, war diese Nummer groß. In neun Wochen war die Baugenehmigung durch. Mit der Finanzierung klappte alles, in sechs Monaten war der Bau über die Winterzeit fertig. Irre. Ich fühlte mich nur noch als Medium.

Alles kam anders als geplant

Mitten im Rohbau, es war im Januar, rutschte ich bei Eisglätte in den Graben und kam bewusstlos ins Krankenhaus, wo ich zwei Monate verbrachte. Mit einem Super-Architekten am Krankenbett wurde der Bau trotzdem pünktlich und bestens fertiggestellt. Was aber durch meinen Ausfall firmenintern und menschlich in meinem Umfeld und in der Familie lief, sollte erst nach 17 Jahren wieder Frieden und Normalität finden:

In den Monaten meiner Abwesenheit hatte sich der Betrieb so auf den Kopf gestellt, dass die neuen, für den Umzug eingearbeiteten Fachkräfte alle weg waren. Ich war die einzige, die das neue unternehmerische Konzept noch innehatte. Und ich selbst war noch sehr krank, hatte Depressionen als Nachwirkung der Kopfverletzung und sah überall nur Widerstand gegen das Neue. Dieser Zustand machte mich noch kränker. Die alten Mitarbeiter machten mit ihrer Schulmedizin weiter wie bisher. Die neuen Konzepte, für die das Haus gebaut wurde, scheiterten. Die Zahlen waren so rot, dass eigentlich nichts mehr ging. Doch irgendwie habe ich die Situation immer wieder retten können. Wie mir das gelang, ist mir heute noch ein Rätsel.

Schlimm war, dass unsere Ehe dabei zerbrach, Freunde und Mitarbeiter mehr Einfluss auf meinen Mann hatten als ich, die ich nun als verbohrt und verstockt galt. Ich konnte also jahrelang meine Ideen nicht umsetzen. Dass die Klinik dennoch all diese Katastrophen überlebt hat, zeigt nur, wie groß der Markt ist, dass wir in der Tat eine große Lücke geschlossen haben – und ich den Glauben daran nie verloren habe.

In dieser Zeit ist auch noch unser privates Wohnhaus ausgebrannt. Nachdem ich den Versicherungskrieg mit den Handwerkern erfolgreich geführt hatte, dachte ich: Mensch, wenn jetzt mal ein Jahr ohne Katastrophe verläuft, dann wird es richtig gut. Denkste: Da war schon sehr lange eine andere Frau. Ich hatte keine Ahnung gehabt, dass es einen so großen Schmerz gab, der den Kummer der letzten Jahre noch übertreffen konnte.

Bei den Überlegungen zu einer Scheidung wurde mir klar, dass mir dadurch mein Leben komplett aus der Hand gleiten würde, wir überhaupt nicht mehr miteinander reden könnten, die Klinik draufginge und unsere Kinder auf der Strecke bleiben würden. Ich entschloss mich also, die Sache selbst in der Hand zu behalten, zum Wohle aller. Für meine Kinder wollte ich wieder lachen und ließ ihnen ihr Zuhause. Ich zog aus dem gemeinsamen Haus aus und wohnte nun wenige Kilometer entfernt, ebenfalls mit Platz für die Kinder. Sie sollten sich frei zwischen mir und ihrem Vater bewegen können und sich nicht zwischen uns entscheiden müssen. „Bei Gefahr flach hinlegen und durchhalten" und „Wer stöhnt, hat keine Zeit zum Arbeiten", das waren meine Durchhaltesprüche.

Resümee

In all den schweren Zeiten hatte ich immer das Glück, dass Menschen, meistens Frauen, in mein Leben kamen. Es war wie eine Führung von oben. Eine schweizer Mentaltrainerin, eine Kommunikationstrainerin, Frauennetzwerke und ehrenamtliche Tätigkeiten haben mir immer geholfen, über den Tellerrand hinauszuschauen und mich bestätigt, nie aufzugeben.

Heute habe ich Frieden in der Familie und Erfolg im Beruf, erlebe Anerkennung und bekomme viel zurück, wo ich zum Wohle anderer durchgehalten habe. Ich bin zufrieden, dass ich ein so außergewöhnliches Leben führen darf, gerade weil ich unabhängig und frei bin. Ich möchte jetzt meine Schaffenskraft anderen Menschen zur Verfügung stellen.

Was ich gelernt habe, ist, dass die Kraft der Gedanken stärker als alles andere ist. Ich sage, wenn mich im Leben etwas betrogen hat, dann waren es oft meine eigenen Gedanken. Immer wenn ich aus dem Grübeln herauskam und es wieder anpackte, veränderte sich alles um mich entsprechend. Seit ich meine Einstellung jeden Tag mit einem Gebet, guten Gedanken und einem großen Dankeschön ins rechte Lot rücke, fühle ich mich frei und glücklich, und alles läuft oft viel besser, als ich denken kann.

Christine Maria Brühl

- *Feyerabend … Layout mit Stil, gegründet 2003*
- *Stephanie Feyerabend … Das erfolgreiche Lieferprogramm für aktive Bestattungsunternehmen, gegründet 2015*
- *Stephanie Feyerabend … Verlag, gegründet 2015*
- *Eine feste Assistentin und einige freie Partner*
- *Ausbildung in einer bodenständigen Druckerei*
- *Druck- und Medientechnikerin und viele Weiterbildungen*
- *Produktionerin, Layouterin, Initiatorin, Herausgeberin, Autorin*
- *Firmensitz Langenfeld im Rheinland*
- *Zwei nicht gelungene Ehen, ungewollt kinderlos, glücklich liiert*
- *46 Jahre jung*
- *www.feyerabend.biz | www.mutmach-geschichten.biz | www.bestattungsinstitute.com*

Stephanie Feyerabend

Das richtige Gespür haben, was der Kunde braucht und was er sich leisten kann - nicht nur mit den Ohren hören, war für mich normal und mein Selbstverständnis von Dienstleistung. Ich wusste bis vor einem halben Jahr nicht, warum mir das immer so leicht fiel.

„Das schaffst du nicht ..."

„Das schaffst du nicht..." waren die ersten Worte meines Vaters, als ich ihm 2003 sagte, dass ich mich selbstständig machen würde. Diese Worte trafen mich tief, auch wenn sie nur die unglücklich gewählte Äußerung eines Vaters waren, der sich einfach Sorgen machte. Immerhin wusste er, wovon er redete, schließlich war er selbst in einer Unternehmerfamilie aufgewachsen und seit 40 Jahren Inhaber eines Fahrradgeschäftes. „Doch!", sagte ich. „Ich will das und ich mache das!" Renitent, leidenschaftlich und energisch, wie ich nun mal war, war das die einzig denkbare Antwort.

Immer wieder hatte ich mit diesen ersten Worten meines Vaters zu kämpfen. Wenn es schlecht lief, waren sie da – nicht klein gedruckt, sondern riesengroß. Aber genau derselbe Mann hat mir schon als kleines Kind beigebracht und vorgelebt, niemals aufzugeben, und gezeigt, was es heißt, hart zu arbeiten, sich durchzubeißen und für das, was man will, zu brennen. Von ihm habe ich das Kämpfer-Gen und von meiner Mutter die Sturheit und Beharrlichkeit. Mit den Genen bin ich also bestens gewappnet für die Selbstständigkeit, sollte man meinen – wenn da nicht diese Empfindsamkeit wäre.

Wie alles begann ...

August 2002, Ende der Technikerschule: Endlich hatte ich die Papiere, um auch höhere Posten besetzen zu können. In Deutschland braucht man die. Das hatte ich selbst festgestellt, als ich mich naiverweise ohne diese Qualifikations-Nachweise für verantwortungsvolle Jobs beworben hatte.

Gerade 30 geworden, fragte ich mich, ob ich die nächsten 35 Jahre weiter das tun möchte, was ich gerade tat: DTP-Setzerin in einem Vorstufenbetrieb? Nein, ich wollte mehr. Ich wollte Verantwortung, Mitbestimmung und Mitgestaltung, und so bewarb ich mich auf derartige Jobs – ohne Erfolg. Obwohl ich Erfahrung in der Führung von Mitarbeitern und Auszubildenden besaß und bislang alle Projekte eigenverantwortlich und selbstständig umgesetzt hatte, reichte das den Firmen nicht. Sie wollten die Qualifikation in Papierform. Also beschloss ich, zusammen mit meinem frisch gebackenen Ehemann Nr. 1 nach Stuttgart zu gehen, um die Ausbildung zum Druck- und Medientechniker zu machen. Mein Plan ging auf: Nach Abschluss bekam ich eine gut bezahlte Stelle als Teamleiterin. Hier merkte ich, was es heißt, eine sogenannte Sandwich-Managerin zu sein. Von oben kamen Anweisungen, die ich nicht vertreten konnte und sie daher nur sehr ungern nach unten kommunizierte. Ein Dreivierteljahr später wurden alle Teamleiter entlassen. Auf der erfolglosen Suche nach einer neuen Anstellung reifte mein Plan, mich selbstständig zu machen.

Jetzt mache ich mich selbstständig!

Schon immer hatte ich den Wunsch gehabt, als selbstständige Unternehmerin zu arbeiten. Gedacht, getan ... Ich erfuhr, dass es in Nordrhein-Westfalen – in Baden-Würt-

Das schaffst Du nicht

temberg leider nicht – ein Existenzgründungsseminar für Arbeitslose gab. Ich wollte es von Anfang an richtig machen, und so meldete ich die Wohnung meiner Mutter als Wohnsitz an, übernachtete mal im Kinderzimmer meiner Freundin, mal in der Einliegerwohnung eines sehr guten Freundes und mal bei meiner Mutter.

Parallel dazu suchte ich für meinen Mann und mich in Langenfeld bei Düsseldorf eine Drei-Zimmer-Wohnung. Denn sobald er in einem Jahr seine Technikerschule abgeschlossen hätte, wollten wir gemeinsam in Nordrhein-Westfalen wieder Fuß fassen.

Ostern 2003 besuchte er mich und eröffnete mir, dass er Krebs habe und sich deswegen von mir trennen wolle. Der „Krebs" hieß Carina, wohnte in Hamburg und hatte keine Ahnung, dass mein Mann mein Mann war. Aber das fand ich erst viel später heraus.

Mein Mann kannte mich offensichtlich nicht so gut: Krebs war für mich natürlich kein Trennungsgrund. Ich wollte für ihn da sein. Wir trennten uns natürlich nicht. Er fuhr zurück nach Stuttgart, und ich bereitete mich weiter auf die Selbstständigkeit vor.

Doch irgendwann stellte ich fest, dass Geld auf unserem gemeinsamen Konto fehlte und Abbuchungen in Frankfurt, Hamburg und andernorts stattgefunden hatten. Ich beendete vorzeitig mein Seminar und fuhr nach Stuttgart, um meinen Mann zur Rede zu stellen. Dort fand ich einen Liebesbrief (der nicht an mich gerichtet war), diverse eindeutige E-Mails und Kalendereintragungen.

Arbeitslos, wohnungslos und Ehemann los

Lieber Gott, was sollte noch alles kommen? Ich war am Ende, am Boden zerstört. Illusions- und kraftlos. Mein Leben erschien mir sinnlos. Doch der Bruder einer Freundin sagte dann etwas zu mir, was mich nachhaltig beeindruckte: „Stephie, es gibt nichts, dass nicht für etwas gut ist." – Erst dachte ich: „Was für ein Quatsch! Wofür soll es gut sein, dass ich so leide?" Doch dann kam die Erkenntnis und damit die Wende. Bis heute begleitet mich immer wieder dieser Satz – er ist zu meinem Leitspruch geworden.

> *Es gibt nichts,*
> *dass nicht für etwas gut ist.*

Ich schüttelte mich, raffte mich auf und führte mein Existenzgründungsseminar zu Ende. Ich nahm Kontakt zu einem früheren Arbeitgeber auf und bekam dort meine ersten Aufträge als Freelancer. Ich suchte mir eine kleine 30-Quadratmeter-Wohnung im Souterrain. Sie war armselig, aber ich gab nicht auf. Ich arbeitete, was das Zeug hielt, und bekam die Möglichkeit, in einer Leverkusener Druckerei mein erstes eigenes Büro zu errichten. Nach zwei nicht gerade intelligenten Beziehungen lernte ich 2005 meinen Ehemann Nr. 2 kennen. Mit einem Koffer und meinen wenigen Habseligkeiten zog ich in seine Wohnung. Da sie voll eingerichtet war, verkaufte ich meine Möbel und sämtliches Inventar. Im Nachhinein war das kein kluger Schritt, aber ich wollte einen Neuanfang und mir war alles egal. Zudem liebte ich meinen Mann. Wir hatten ein tolles Leben, er zeigte mir viel. Ich machte das erste Mal Urlaub im Robinson Club, nach sieben Jahren gab es für mich überhaupt wieder Urlaub. Auch wenn ich durch meinen Mann nicht mehr so enorme Existenzängste hatte, waren sie dennoch da: Durch meine erste Ehe war ich einfach gebrandmarkt. Nie wieder wollte ich abhängig sein. Kontentrennung und bedingungsloser Einsatz für meine Kunden waren für mich daher selbstverständlich.

Die Existenzangst – dein ständiger Begleiter

Im Frühjahr 2006 brachen die Umsätze ein und bei mir die Panik aus. Der Anruf eines früheren Kollegen kam daher gerade recht. Ein Verlag in Königswinter suchte einen Hersteller. Natürlich nahm ich den Job an und arbeitete fortan von 7 bis 23 Uhr: von 9 bis 18 Uhr im Verlag – davor und danach noch in meinem Büro in Leverkusen. Nach einem Dreivierteljahr war ich völlig fertig. Die Fahrt nach und von Königswinter tat ihr übriges: 50 Kilometer hin, 50 zurück, täglich stand ich im Stau. Aber ich wollte arbeiten und Geld verdienen. Am Ende musste ich mir allerdings eingestehen, dass ich das nicht mehr packte. Als die Leverkusener Druckerei mir eine Halbtags-Stelle anbot, griff ich zu. Perfekt, dachte ich – nun hätte ich eine Grundsicherung und könnte die andere Hälfte des Tages für meine Kunden da sein. Leider entpuppte sich auch diese Entscheidung als doch nicht so perfekt. Die Geschäftsführung machte viele Fehler, vertraute den falschen „Beratern" und musste schlussendlich Insolvenz anmelden.

Wie echt deine Partner sind, merkst du erst, wenn du sie brauchst

Lange vor der Insolvenz hatte ich bereits Kontakt zu einer anderen Druckerei aufgenommen. Nicht, weil ich den Konkurs kommen sah (dazu bin ich ein viel zu loyaler Partner), sondern weil ich entdecken musste, dass die Leverkusener Druckerei leider nicht die gleiche Vorstellung von Partnerschaft vertrat wie ich: Im Herbst 2009 hatte ich einen Reitunfall. Erst prallte ich mit dem Kopf an die Bande, dann wurde ich noch am Steigbügel noch ein paar Meter mitgeschleift.

Ich hatte Glück im Unglück, aber trotzdem das linke Sprunggelenk doppelt gebrochen, weil das Pferd am Ende daraufgetreten war. Zum Glück trug ich eine Kappe, zum Glück traf das Pferd keine andere Körperstelle und zum Glück war es ein glatter Bruch. Denn so kam ich um eine Operation und das Krankenhaus herum. Ich hatte nämlich drei Projekte auf dem Tisch, die keinen Aufschub duldeten: die Imagebroschüre für eine Messe, einen Ausstellungskatalog und das Begleitheft für eine Fecht-Meisterschaft. Ich verlagerte also meinen Arbeitsplatz nach Hause in unser Esszimmer, legte mein Bein neben meinem Rechner ab – es musste hoch lagern, sonst waren die Schmerzen unerträglich – und arbeitete die Projekte ab. Überflüssig zu erwähnen, dass ich nicht sonderlich mobil war, und so bat ich die Druckerei, mir die wichtigen Plotts vor Drucklegung nach Hause zu bringen … Ihre Antwort: „Dafür haben wir keine Leute." – Nach allem, was ich mit diesen „Partnern" erlebt hatte, war das der Gipfel. Ich entschied, dass ich mir eine neue Druckerei suche.

Als ich meiner Yoga-Lehrerin von dem Reitunfall erzählte, sagte sie: „Stephie, alles im Leben hat seinen Sinn." Da war er wieder, der Satz: „Es gibt nichts, das nicht für etwas gut ist…" Doch wofür, zum Henker, sollte ein Reitunfall gut sein? – Sechs Wochen später wusste ich es. Wenn der Unfall nicht gewesen wäre, hätte ich mir nicht die neue Druckerei gesucht und wäre mit Insolvenz der alten Druckerei ohne Büro dagestanden.

Neuer Ort, neues Glück … Denkste!

Und so zog ich nach Düsseldorf, wieder als Untermieter. (Diesen Fehler würde ich noch zweimal machen, bevor ich begriff, dass genau das die wirklichen Fehler meiner Selbstständigkeit waren.) Am Anfang war alles toll, man verstand sich und gab sich gegenseitig Jobs – es war eine perfekte Synergie. Ich übersah nur einen entscheidenden Faktor: Wir waren nicht auf Augenhöhe. Dort die große und angesehene Druckerei und hier die „kleine" Grafikerin. Als ich nach meinem Parkplatz fragte, den man mir anfangs zugesichert hatte, fragte, sagte einer der Geschäftsführer süffisant zu mir: „Stephie, eine kleine Grafikerin kann doch nicht die gleiche Parkplatzforderung stellen wie unser Betriebsleiter." Derartige Äußerungen und daraus resultierende Handlungen häuften sich. Ich musste monatelang auf die Bezahlung von Rechnungen warten (obwohl der Endkunde längst bezahlt hatte), Anfragen wurden gestellt, um sie an meine Mitbewerber weiterzureichen, vereinbarte Angebote wurden zu meinen Ungunsten reduziert. Als dann Unterstellungen und Verleumdungen hinzukamen, war ich es satt. Ich suchte mir eine neue Büromöglichkeit. Natürlich wieder als Untermieter. Diesmal bei einem Immobilienmakler.

Die anfänglich gute, fast freundschaftliche Bürogemeinschaft hielt nicht lange an. Ich hatte keine Lust mehr, sein Zeug in der Spüle wegzuräumen oder anderweitig die Putzfrau zu spielen. Außerdem war mein Büro dunkel und kalt und ich trotz Bürogemeinschaft fast immer alleine. Das war nicht der Plan. Ich sehnte mich nach Gesellschaft, fachlichem Austausch, dem gemeinsamen Tun und Erreichen von Zielen.

Das Beste, was mir zu der Zeit passierte, war meine Mitarbeiterin. Ich war es gewohnt, alles alleine zu machen. Und wenn ich sage „alles", dann meine ich alles. Buchhaltung, Akquise, Kundenbetreuung, Auftragserfüllung, Kontrolle der Produktion, Lieferantenkoordination, Rechnung schreiben und, und, und. Ich war der Meinung: All das, was ich im Kopf habe, kann ich niemandem erklären. Die Anzeige meiner Mitarbeiterin als Bürohilfe legte ich daher zunächst auf den Stapel der zu erledigenden Aufträge. Ein Stapel, der merkwürdigerweise immer mehr anwuchs. Durch Zufall – den es ja bekanntlich nicht gibt – fiel mir die Anzeige bald darauf wieder in die Hände. Ich schrieb die Bewerberin an, gleich am nächsten Tag meldete sie sich. Mittlerweile arbeitet sie 20 Std. die Woche und ist mir eine großartige Assistentin. Sie hat der Himmel geschickt.

Und wenn du denkst, es geht nicht mehr, kommt irgendwo ein Partner her, der alles noch schlimmer macht

Ich war müde, ich wollte nicht mehr alleine kämpfen, ich wollte Partner, Gleichgesinnte, die mit mir zusammen den harten Markt bewältigen. Ein ehemaliger Geschäftspartner hatte den gleichen Wunsch. Und so zog ich Dussel wieder als Untermieterin in seine Räume. 13 Jahre selbstständig – und ich glaubte immer noch, dass ich „es nicht alleine schaffen" könne.

Diesmal dauerte es aber nicht so lange, bis ich begriff, dass hier alles falsch war. Ideen, die ich mit seinen Mitarbeitern entwickelte, kritisierte mein Geschäftspartner. Nichts war ihm recht, alle Vorschläge winkte er als überflüssig und unnötig ab. Vereinbart war, dass wir gemeinsam unsere beiden Kunden bedienen. Ich als Kundenbetreuerin und seine Firma als Umsetzer. Es stellte sich als Einbahnstraße heraus. Meine Aufträge vergab ich wie verabredet an seine Mitarbeiter, bis ich merkte, dass ich mir das nicht mehr leisten konnte. Denn von seiner Seite kamen keine Kunden. Im Gegenteil – nach Monaten eröffnete er mir, dass er seinen Part unserer Vereinbarung nicht umsetzen könne. Die Erklärungen hierzu waren so dämlich, dass ich sie vergessen habe. „Na gut", dachte ich, „kein Problem, ich mache hier meine Arbeit und du bekommst dann eben auch nichts mehr. Ich zahle dir Miete und jeder macht sein Ding. War zwar anders geplant, aber was soll's. Das Leben spielt nun mal seine eigenen Regeln." – So einfach war es dann aber doch nicht. Denn mir wurden plötzlich Vorhaltungen gemacht: Ich würde ja nur so tun, als ob ich arbeite, und wohl etwas falsch machen, wenn ich bei einer 60-Stunden-Woche meine Jobs nicht an Externe vergeben könne. Außerdem würde ich mich eh nur bei Netzwerk-Treffen herumtreiben und Veranstaltungen besuchen, die nichts bringen.

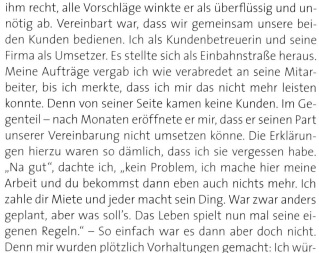

… immer selbstgemacht und immer neu ausgedacht. Damit sage ich Danke, liebe Kunden!

Nervenzusammenbruch

Ich ließ mich beschimpfen, konnte nur mit wenig Kraft gegensteuern. Ich war am Ende, nichts ging mehr. Und das ein paar Tage vor Weihnachten. Ich hatte Krämpfe, heulte und zitterte am ganzen Körper. Ich verließ das Büro und schleppte mich zu meinem Auto. Der Typ hatte mich fertiggemacht. Zum Glück kamen diese Tage der Ruhe und Besinnung ... Besinnung?! Da war er wieder, mein Satz: „Es gibt nichts, das nicht für etwas gut ist." Das Theater mit dem letzten Hauptmieter brachte mich auf die Idee: Diese meine Geschichte, die kein Einzelfall ist, sondern vielfach vertreten in der Unternehmerinnen-Welt, muss raus. Mit genau dem Mist, den wir immer wieder erleben und uns dennoch nicht unterkriegen lassen, muss ich an die Öffentlichkeit. Mir fielen die unzähligen Gespräche mit anderen Unternehmerinnen ein, die mir in schweren Zeiten Mut gemacht hatten. Ich bin mir sicher, dass diese Geschichten auch Euch und Ihnen Mut machen.

Ein Dreivierteljahr ist seitdem vergangen. Ein Dreivierteljahr voll extremer Ereignisse. Ich habe durch die Arbeit an diesem Buch viele Menschen kennengelernt und so manche Erfahrung gemacht. Nicht alle waren gut, aber alle waren wichtig. Denn: „Es gibt nichts, das nicht für etwas gut ist." Nun stehe ich kurz vor der Vollendung meines ersten Buches, den Mutmach-Geschichten. Es war eine harte Arbeit, härter als ich gedacht hatte, und oft kam mir – ehrlich gesagt – auch der Gedanke, es aufzugeben. Immerhin hat mir mein eigentliches Geschäft ja schon vor dem Buchprojekt einiges abverlangt. Hinzu kam die einmalige Gelegenheit, ein vielversprechendes Unternehmen zu übernehmen. Eigentlich war ich schon am Limit, aber die Chance, endlich mein Geschäft auf eine höhere Stufe anzuheben, ließ mich nicht los. Ich mobilisierte alle meine Kräfte, suchte Berater, schrieb den Business-Plan und nahm Kontakt zu diversen Banken auf.

In meinen 13 Jahren Selbstständigkeit hatte ich es leider nicht geschafft, mir ein kleines Polster anzulegen (außer einer kleinen Eigentumswohnung, die aber noch der Bank gehört), und so war ich auf Kreditgeber angewiesen, die wie ich an die neue Unternehmung glauben und mir auch ohne eigenes Kapital helfen würden. Auf die Bürgschaftsbank durfte ich zur Überraschung aller Beteiligten nicht hoffen: Dort verstand man offensichtlich das eingereichte Konzept nicht, gab mir allerdings auch nicht die Möglichkeit für weitere Ausführungen. Abgelehnt ohne weitere Begründungen! Ich war fassungslos. Alle, außer der Bürgschaftsbank, waren begeistert: die IHK Düsseldorf, die Sparkasse Hilden-Ratingen-Velbert. Sollen gut gehende Firmen schließen müssen, weil sie keine Nachfolger finden? Jetzt ist jemand da, der sich traut, und erhält keine Hilfe? Das konnte nicht sein.

Ich kämpfte weiter, meine Sparkasse auch – und dank der KfW-Bank bin ich seit dem ersten Oktober 2015 stolze Inhaberin des Unternehmens. Ich verkaufe hochwertiges Werbe- und Marketingmaterial an aktive Bestattungsunternehmen. Ein großes Glück sind die wunderbaren Menschen an meiner Seite, die an mich glauben und mich unterstützen. Ich danke Euch dafür von Herzen.

Feyerabend hoch 3

Es sieht so aus, als wenn ich es doch schaffen würde.

1. Die erste Ausgabe der Mutmach-Geschichten steht vor der Vollendung.
2. Ich bin Inhaberin eines weiteren Unternehmens.
3. Ich habe wertvolle Kunden und tolle Mitarbeiter.

Das Unternehmen Feyerabend gibt es jetzt dreimal:
Feyerabend ... Layout mit Stil
Stephanie Feyerabend ... Lieferprogramm für aktive Bestattungsunternehmen
Stephanie Feyerabend ... Der Verlag

Meine 10 Gebote

1. Niemals als Untermieterin in eine bestehende Organisation gehen.

2. Denke abstrakt und handle unkonventionell, wenn der direkte Weg nicht funktioniert.

3. Mache dich nie von einem Partner abhängig, weder privat noch beruflich.

4. Sei beharrlich und leidenschaftlich.

5. Netzwerke, was das Zeug hält.

6. Suche dir treue Helfer – du bist besser, wenn du nicht alles alleine machst.

7. Träume, trau dich und gib Gas.

8. Gib dich niemals auf!!!

9. Leiste bedingungslosen Einsatz für deine Kunden.

10. Ich bin hochsensibel – und das ist gut so. Für meine Arbeit, für meine Kunden und am Ende auch für mich.

Stephanie Feyerabend

- *1978 in Jena geboren, heute mit Büros in Dresden und München zu Hause*

- *Hat Architektur, Marketing und Controlling studiert*

- *Ist Marketing-Unternehmerin und Mitbegründerin der Initiative Zukunftsform*

- *Hat einen Marketingansatz entwickelt, der auf der Identität des Unternehmers basiert*

- *Glaubt an die Kraft und Anziehung von visionärem Denken*

- *Baut für mittelständische Unternehmen Entwicklungs- und Expansionskonzepte*

- *www.zukunftsform.org und www.zukunftsform-akademie.org*

Jenny Gleitsmann

Autsch oder das Scheitern mit Warnhinweisen

Es waren die ersten Jahre meiner Selbstständigkeit mit unserem Büro für strategisches Marketing. Wir machten gute Arbeit und hatten einen wunderschönen Geschäftssitz im Gebäudeensemble der Hellerauer Werkstätten in Dresden. Ein Ort mit innovativer und visionärer Geschichte. Ich hatte zwei Geschäftspartner gefunden, die viel Erfahrung mitbrachten – aus großen Agenturen wie Atletico Berlin, Cheil, BBDO sowie durch Marketingpositionen bei FIAT Deutschland und der Adam Opel AG. Es lief gut.

Eines Morgens saß ich am Schreibtisch mit dem Gefühl, mehr zu wollen. Ich erinnerte mich: Ursprünglich wollte ich ja Marketingkonzepte machen, die mehr sind als nur Instrumente für mehr Profit. Ich wollte, dass das Marketing zum Transportmittel visionärer Ideen wird und damit mehr gute Ideen in die Welt kommen. Das wollte ich.

In der Tageszeitung entdeckte ich ein Porträt über Sachsens Unternehmer des Jahres. Das gefiel mir: regional verwurzelt, aber in der Welt unterwegs, Kunden in Dubai und Malaysia, ein Firmengebäude im Bauhaus-Stil, schon als Kind von Computern fasziniert und daraus eine Firma erschaffen. Das sollte mein nächster Kunde werden und der Schritt in einen neuen, anspruchsvolleren Kundenkreis. Alles passte so schön zusammen.

Ich schrieb einen Brief, den ich samt Blumenstrauß durch einen Boten zustellen ließ. Wenige Tage später meldete sich die Assistentin des Unternehmers und wir vereinbarten einen Termin. Mein Glücksgefühl war riesengroß.

An einem Freitagnachmittag betrat ich das großzügige Bürogebäude. Ich war fasziniert. Es fühlte sich nach Erfolg an. Nach stundenlangem Gespräch verabredeten wir uns zum nächsten Termin. Für mich gab es keinen Zweifel. Ich hatte es geschafft. Wir würden jetzt expandieren und eine völlig neue Größenordnung von Projekten berühren. Wir würden viel Geld verdienen.

Im nächsten Termin stellte der Unternehmer mir sein Projekt vor. Er wolle in Dresden einen Ort der großen Ideen bauen. Im Kern eine klassische alte Bibliothek. Rundherum hochmoderne Arbeitsräume und Räume für Geschäftstreffen. Dazu ein Campus als kreative Fläche für Entwicklung und Bildung. Mit jedem Wort wurde er zum meinem persönlichen Mr. Big. Und ich wollte durch ihn auch big werden. Was er wirklich wollte, hörte ich kaum und fragte auch nicht.

Danach arbeiteten mein Team und ich wie die Wilden. Wir kreierten Konzepte, verwarfen wieder, begannen von Neuem. Jedoch blieben Mails unbeantwortet, Termine wurden kurzfristig abgesagt, alles verschob sich. Wir machten weiter – ohne klare Vereinbarung, Zielrichtung und ohne Auftrag. Die Wochen vergingen und die unbezahlten Arbeitsstunden summierten sich.

Endlich teilte uns Mr. Big mit, dass er sehr eingespannt sei und uns seinen besten Mitarbeiter zuweisen würde, damit das Projekt voranginge. Doch dieser Mitarbeiter kam zum Treffen ohne Hintergrundwissen, ohne Ideen, ohne Vorgaben, ohne die visionären Vorstellungen seines Chefs. Es folgten stundenlange Bemühungen, ihn einzuarbeiten. Wir führten kleinliche, fruchtlose Diskussionen. Und wir arbeiteten weiter.

In mir stieg der Gedanke hoch, dass es falsch sein könnte, sich nur auf dieses Projekt zu konzentrieren. Doch ich schob die Bedenken weg. Auch meine beiden Partner argumentierten, wie gut es uns allen in Zukunft gehen würde und dass ich schaue solle, dass es klappt. Ich stimmte zu.

Die Projektarbeit weitete sich zunehmend aus. Noch immer hatten wir keine Zusage und keine Vergütung. Ich schrieb Mails mit der Bitte um Auftrag und Projektfreigabe – ohne Antwort. Erneut schoben wir alle Zweifel weg und begannen sogar, neue Räume und Mitarbeiter für das Projekt zu suchen. Ich

kümmerte mich um nichts mehr, was uns bisher Erfolg gebracht hatte. Weder um bestehende Kunden noch um neue. Ich wollte nur noch das Projekt und dass sich meine damit verbunden Wünsche realisieren.

Dann kam der Zeitpunkt, an dem sich all diese Vernachlässigungen nicht mehr ignorieren ließen. Der Kontostand ging gegen null. Meine beiden Geschäftspartner trennten sich von mir, weil ja nichts vorangehe. Ich hatte kein einziges Projekt, das Arbeit und Umsatz brachte.

Ich bat Mr. Big um ein Treffen. Immer noch mit der leisen Hoffnung auf den Startschuss zum großen Auftrag. Doch im Inneren war ich müde und kaputt. Er traf mich im Hotel Hilton, 20 Minuten in der Lobby zwischen zwei Terminen. Er hielt eine Rede über Erfolg, über cleveres Verhalten und darüber, dass er nichts versprochen habe. Ich ergab mich innerlich. Wir verabschiedeten uns. Ich stand mit Tränen im Gesicht im Regen vor dem Hilton, und langsam wurde mir klar: Ich hatte diesen Auftrag nicht. Ich hatte aber auch keine anderen Kunden mehr. Ich hatte keine Geschäftspartner mehr. Ich hatte kein Geld mehr. Da stand ich nun, innerlich am Schreien und doch ganz stumm.

Warnhinweis 1 – Gesagtes passt nicht zu Beobachtbarem

Der Kunde sprach von einen Ideencampus als Ort der Begegnung, Offenheit und Entwicklung. Ich sah jedoch seine Arbeitskultur der Verschlossenheit mit wenig Austausch und Gemeinsamkeit. Die Diskrepanz zwischen Wunsch und Realität wollte ich nicht wahrhaben.

Erkenntnis 1

Die Brille der eigenen Emotionen lässt uns nicht deutlich auf die Fakten schauen und diese klar beurteilen.

Warnhinweis 2 – Nicht eingehaltene Versprechen

Termine wurden immer wieder verschoben, Absprachen gebrochen und vereinbarte Vorgehensweisen verändert. Es gab so wenig, was wirklich verlässlich und sicher war.

Erkenntnis 2

Für eine gemeinsame Arbeit braucht es eine gemeinsame Grundlage und Verlässlichkeit. Vereinbarungen und Zusagen müssen eingehalten werden, sonst entsteht kein Ergebnis.

Warnhinweis 3 – Kein Ausgleich für gute Vorarbeit

Unzählige Arbeitstage mit guten Ergebnissen wurden ohne Ausgleich geleistet. Ich habe ignoriert, dass Mr. Big sich nicht in der Verpflichtung. Ich habe weder nach Ausgleich gefragt noch darauf bestanden. Ich wollte ihn nicht vergraulen.

Erkenntnis 3

Ein gutes Verhältnis basiert auf dem Prinzip des Ausgleichs. Dieser muss im Vorfeld einvernehmlich besprochen sein. Wenn einer der Partner nichts ausgleichen möchte, hat er den Wert der Arbeit nicht erkannt oder ist nicht an einem guten Verhältnis interessiert.

Warnhinweis 4 – Mitarbeiter ohne Fähigkeiten

Der uns zugewiesene Ansprechpartner qualifizierte nicht für diese Position: Er teilte weder die Unternehmensvision noch die Projektvision des Unternehmers. Er war nicht fähig, ein solches Projekt in der Phase der Kreation zu begleiten.

Erkenntnis 4

Wenn eine Person zu einem Projekt hinzukommen will, ist gut zu prüfen: Verfügt sie über das notwendige Wissen, über Fähigkeiten und Entschiedenheit für die Aufgabe? Wenn es an den Grundvoraussetzungen mangelt, sollte man umgehend Mitteilung machen und sich nicht scheuen, Konsequenzen einfordern.

Warnhinweis 5 – Innere Bedenken und Ahnungen

Oft hatte ich im Projekt das Gefühl, dass etwas nicht stimmt oder unrichtig ist. Doch ich habe auf die Meinungen anderer Leute mehr gehört als auf meine innere Richtigkeit.

Erkenntnis 5

Die eigene Stärke liegt in der eigenen Richtigkeit. Solange man sich treu bleibt, ist man stark und bestimmt aktiv das Geschehen.

Warnhinweis 6 – Die Signale des eigenen Körpers

Gemeint ist hier das Gefühl, sich abzuarbeiten, überfordert zu sein und keine Freude an der Arbeit zu haben, wie man es sonst kennt. Ich war in dieser Zeit oft gereizt, dünnhäutig, unglücklich und kraftlos. Über all diese Signale bin ich hinweggegangen.

Erkenntnis 6

Es gilt innezuhalten und zu betrachten: Warum tue ich, was ich tue? Was gelingt mir nicht und warum nicht? Fehlt mir Wissen? Fehlt mir eine Fähigkeit, es umzusetzen, oder ist meine Fähigkeit nicht ausgeprägt genug? Oder bin ich nicht genug in der Verantwortung?

Fazit

Warnhinweise wollen warnen. Über das Gefühl „Hier stimmt was nicht" oder die Wahrnehmung, dass etwas nicht zusammenpasst, gehe ich heute nicht mehr hinweg. Ich habe gelernt, mir stärker zu vertrauen. Ich muss die Verantwortung für meine Unterlassungen übernehmen. Das lässt mich heute mein Geschäft in einer neuen Selbstsicherheit und Gelassenheit betreiben. Und wenn ich doch mal ein Warnschild überfahre? Dann gehe ich zurück und korrigiere den Fehler, bevor er auf mich zurückschlägt.

Jenny Gleitsmann

Nina Heinemann

- Nachfolgeberatung für Familienunternehmen
- Prozessbegleitung, Coaching und Mediation
- Gegründet: 2010
- Davor: Gesellschafter-Geschäftsführerin im familieneigenen Unternehmen
- Weiterbildungen: systemische Organisationsberaterin, Dynamik in Familienunternehmen, Wirtschaftsmediatorin
- Geschäftssitz: Bochum. Tätig im gesamten deutschsprachigen Raum
- 45 Jahre, verheiratet, zwei Kinder
- www.heinemann-nachfolgeberatung.de

Vom Scheitern zur Stärke

Von klein auf wollte ich selbstständig sein, gestalten können, Verantwortung überneh-men. Und schon früh hatte ich – durch unser Familienunternehmen – sehr konkrete Vorstellungen davon: Ich wollte die Nachfolge in unserem Unternehmen antreten und schien auch dazu bestimmt. Am Ende ist diese Nachfolge gescheitert – aus ganz ande-ren Gründen, als ich überhaupt für möglich erachtet hätte. Dass aus dieser persönlichen Grenzerfahrung die Quelle meiner neuen beruflichen Aufgabe werden sollte, hätte ich selbst nicht gedacht. Die Erfahrung des Scheiterns als eigentliche Kernkompetenz …

Schon immer Unternehmerin

Dass ich einmal Unternehmerin sein und unser Familienunternehmen fortführen woll-te, „wusste" ich zum ersten Mal mit ungefähr fünf Jahren. Im Laufe der Schulzeit wurde mein Bild davon immer konkreter: Häufig war ich mit „im Betrieb" und verdiente mir mein Taschengeld in Wochenend- und Ferienjobs.

Abgesehen von einer zweijährigen Phase während meines Studiums, in der ich mich „freistrampeln" musste, zog sich der Wunsch, in unser Unternehmen zu gehen, wie ein roter Faden durch mein Leben. Und so trat ich, nach Studium, ersten Erfahrungen in der Unternehmensberatung und in der Industrie, in „die Firma" ein: eine kleine mittelstän-dische Unternehmensgruppe mit zwei produzierenden Standorten in Deutschland und Vertriebsniederlassungen nahezu weltweit.

Inzwischen hatte ich in Bayern meinen heutigen Mann kennengelernt. Sehr bald sagte ich ihm, dass ich vorhätte, in unser Familienunternehmen einzutreten, und daher lang-fristig für mich geografisch nur zwei Optionen in Frage kämen: Norddeutschland oder das Ruhrgebiet …

Beide waren wir in unseren Jobs erfolgreich und dabei, „Karriere" zu machen. Aber mein Vater drängte mich, rasch ins Unternehmen zu kommen: Er wolle nicht mehr lange ar-beiten, nur noch drei oder vier Jahre, und dann aufhören. Deshalb solle ich schnell ins Unternehmen kommen, dort würde ich doch am besten alles lernen, was ich für meine zukünftige Aufgabe bräuchte. Und so ging ich an unseren Standort in Norddeutsch-land. Dort war mein Vater nicht, aber ich sollte für ein oder eineinhalb Jahre den dorti-gen Werksleiter begleiten. Es war gerade eine große Investition getätigt worden, der Standort schien bestens für die Zukunft aufgestellt zu sein. Ich sollte einfach alle Berei-che kennenlernen und von den Erfahrungen des Werksleiters profitieren.

Im Familienunternehmen

Tatsächlich wendete sich die Lage innerhalb von sechs Wochen nach meinem Start: Im Nachgang der Investition gab es große Qualitätsprobleme und damit verbunden erheb-liche Kosten, der Werksleiter war nach einer schweren Erkrankung nicht mehr der alte, und es gab einige strukturelle Probleme, mit denen mein Vater nicht gerechnet hatte – und auf die auch ich nicht vorbereitet war.

Ich arbeitete wie ein Berserker, hatte das Gefühl, an allen Fronten zu kämpfen, und fühl-te mich oft einsam in meiner Rolle. Ich warf all meine Glaubwürdigkeit als Namensträgerin in die Waagschale, um die Mitarbeiter gut ins Verstehen von unbequemen Veränderungen zu führen. Am Ende war das Unternehmen tatsächlich so weit stabilisiert und eine neue Führung erfolgreich installiert, dass ich zusätzlich und zunehmend an unserem anderen Standort – also dem Hauptsitz, wo auch mein Vater tätig war – Aufgaben übernahm. Mein Mann und ich zogen dort zusammen und er, inzwischen sehr erfolgreich aufgestiegen in dem Unternehmen, in dem wir uns kennengelernt hatten, gab diese Stelle auf und suchte sich eine neue Arbeit in der Region.

Mein Vater und ich machten nun einen Plan für die weitere Übergabe: Bis wann sollte welcher Verantwortungsbereich an mich übergeben werden?

Nach und nach übernahm ich also einzelne Zentralbereiche. Alle im Umfeld schwärmten von dieser bilderbuchmäßigen Nachfolge. Endlich passe einmal alles zusammen: ein erfolgreicher Unternehmer, der seine Nachfolge weitsichtig plant und wirklich übergeben will, eine Nachfolgerin, die könne und wolle ... Kunden und Lieferanten, Steuerberater und Rechtsanwalt waren ganz begeistert.

Tatsächlich ist diese bilderbuchmäßige Nachfolge dann ebenfalls wie im Bilderbuch gescheitert, am Ende hat es mit meinem Vater und mir nicht funktioniert. Zunehmend kamen wir uns ins Gehege. Ich hatte viel Respekt vor der verantwortungsvollen Aufgabe, das Unternehmen ohne meinen Vater fortzuführen, und wollte mich und die Organisation gut darauf vorbereiten. Das führte aber nicht zu der erhofften Anerkennung meines Vaters und dem geplanten schrittweisen Loslassen, sondern zu einer zunehmenden Blockade und Verschlossenheit bei ihm. Denn, auch wenn er das immer verneinte, mein Vater war persönlich nicht gut vorbereitet auf die Nachfolge, also darauf, selbst loszulassen. Ich versuchte, Absprachen mit meinem Vater zu treffen, die er dann doch nicht einhielt. Zu meiner Überraschung stellte sich heraus, dass wir uns in unseren

Werten deutlich unterschieden. Und was für meinen Vater als Senior gegenüber den Mitarbeitern funktionierte, kam für mich als Führungsverhalten nicht in Frage. Die Positionen verhärteten sich, die Spannungen nahmen zu ...

Ich verstand gar nicht recht, was eigentlich passierte, stand völlig ratlos vor der Situation und schlug vor, externe Hilfe zu suchen. Die für den typischen Patriarchen ebenso typische Antwort: „Ich habe kein Problem, ich brauche keine Beratung!" So blieb mir nichts anderes übrig, als mir eigene Unterstützung zu suchen. Und die brauchte ich, da der sich immer weiter verschärfende Konflikt zur großen Belastung wurde: für das Verhältnis zu meinem Vater, für die Familie, das Unternehmen und vor allem für mich selbst.

Ich fühlte mich wie in einer Falle: Ich hatte meinem Vater und seinen Aussagen vertraut, meinen Lebensweg nach der Firma ausgerichtet und auch mein Mann hatte das gemacht. Ich tat alles, um das Unternehmen nach Möglichkeit so erfolgreich wie mein Vater fortzuführen, er jedoch hielt sich nicht an den gemeinsamen Plan. Mir wurde irgendwann klar, dass es nicht in meiner Macht stünde, das zu ändern. Es war schließlich das Unternehmen meines Vaters. Er wollte offensichtlich nicht abgeben – und ich taugte nicht zum „Prinz Charles". Auch wenn es vielleicht der einfachere Weg gewesen wäre: Die Vorstellung, geduldig abzuwarten, bis mein Vater eines Tages und auch nur vielleicht die Führung an mich abgeben würde, war für mich unerträglich. Aber ich hatte auch keinen anderen Ausweg vor Augen.

Es gab einen Coach im Bekanntenkreis, der mir half, mein inzwischen sehr eingeschränktes Sichtfeld wieder etwas zu vergrößern. Gemeinsam mit meinem Mann unterstützte er mich dabei, meine Hilflosigkeit zu überwinden und wieder handlungsfähig zu werden. Tatsächlich war das damals für mich unfassbar schwer. Es hieß ab einem bestimmten Punkt, „das Undenkbare" zu denken: die Firma zu verlassen. Dieser Gedanke fühlte sich für mich wie Selbstmord an! Es ging nicht nur darum, einfach einen „Job" aufzugeben, auch nicht, wenn es sich dabei um den vermeintlichen Traumjob handeln würde. Im Familienunternehmen sind Familie und Unternehmen eng miteinander verwoben. Den Ausstieg zu denken bedeutete auch in Kauf zu nehmen, die für mich doch so wichtige Liebe meines Vaters zu verlieren. Sich als Kind gegen diese Bindung zu stellen, das ist emotional fast unmöglich. Darüber hinaus hatte ich keine Vorstellung mehr von mir und meinem Leben jenseits meiner Rolle im Unternehmen. All mein Zutrauen in meine Fähigkeiten, mein Selbstbewusstsein waren weg. Es gab nur noch diesen einen Lebensentwurf. Ich fühlte mich wie ein gefangenes Tier im Dunkeln.

Es dauerte noch viele Verletzungen und immer wieder enttäuschte Hoffnungen, bis der Leidensdruck so groß wurde, dass ich tatsächlich in der Lage war, diesen Schritt zu vollziehen. Den Schritt ins Bodenlose, in den Abgrund, so fürchtete ich. Aber es kam anders ...

Mein Mann setzte Zeichen, fing mich auf. Er konnte mit seinem Arbeitgeber eine Karenzzeit vereinbaren, und wir flogen gemeinsam nach Australien: zehn Wochen durch Wüste und Urwald. Wir gewannen Abstand. Und dennoch wurde mir klar, dass ich selbst am anderen Ende der Welt vor dem Erlebten nicht weglaufen kann – und dass es mir sowieso wieder auf die Füße fällt, mich auf Dauer unglücklich und krank machen würde, wenn ich mich nicht damit beschäftige.

Aufarbeitung für mich selbst

Zurück in Deutschland, war das also meine erste Aufgabe: Ich suchte mir Unterstützung und fing an, die Dinge zu sortieren, all die Gefühle von Verletztheit, Wut und Trauer zuzulassen und zu verarbeiten.

Als ich zunehmend festen Boden unter den Füßen gewonnen hatte, wollte ich wieder arbeiten. Ich ging zu einer sehr großen Unternehmensberatung, wo ich meine Branchen- und Produktionserfahrung einbringen konnte. Innerhalb kürzester Zeit flog ich durch Europa und Asien, bekam Anerkennung und Prokura. Schnell jedoch hatte ich das Gefühl, im falschen Film zu sitzen. Was ich tat, machte für mich keinen Sinn. Ich spürte, ich muss einen anderen Weg gehen, der mehr mit mir zu tun hat als ständig Kostensenkungsprogramme zu entwickeln, Konzernpolitik zu betreiben und Vorstandspräsentationen zu halten.

Ich verließ die Unternehmensberatung und beschäftigte mich mit der Forschung zum Thema Familienunternehmen, besuchte erste Kongresse und Fortbildungen. Dabei stieß ich auf den Begriff „Systemik", und es fiel mir wie Schuppen von den Augen. Plötzlich verstand ich ganz viel von dem, was bei uns passiert war, noch einmal aus einer anderen Perspektive.

Erfolg mit Erfahrungskompetenz

Das Thema „Familienunternehmen und Nachfolge" ließ mich nicht wieder los. Es keimte der Gedanke, anderen dabei zu helfen, die Fehler zu vermeiden, die mein Vater und ich gemacht hatten.

Ich machte eine Ausbildung in Systemischer Organisationsberatung beim Altmeister im Thema Familienunternehmen, besuchte weitere Fortbildungen und Kongresse. Dort konnte ich erste Kontakte knüpfen und mich selbst ausprobieren.

Ich gestaltete meine Homepage und Briefpapier, das erschien mir so, als würde ich mich neu erfinden. In ersten Coaching-Gesprächen – pro bono – probiere ich mich aus. Es machte mich überglücklich, wenn ich hörte, ich hätte jemand anderem wirklich helfen können.

Dabei war es zu Beginn nicht einfach, Aufträge zu erhalten und bekannt zu werden. Doch mir halfen alte Fähigkeiten: mich von Widerständen nicht entmutigen zu lassen, mit Beharrlichkeit und Fleiß Dinge möglich zu machen, mit Begeisterung und Glaubwürdigkeit zu überzeugen. Ich knüpfte Kontakte und ergriff Chancen, konnte neben meiner Selbstständigkeit im Team des Marktführers auch in größeren Prozessen Erfahrungen sammeln und an ersten Veröffentlichungen arbeiten. Ich machte zusätzlich noch eine Ausbildung zur Wirtschaftsmediatorin, um mein Handwerkszeug für die ganz harten Konflikte weiterzuentwickeln – wieder bei einem der führenden Institute. All das galt und gilt es mit dem Familienalltag zu verbinden, wir hatten inzwischen zwei Kinder bekommen: eine Herausforderung, die viele Frauen kennen.

Was ich aber zurückbekam für meine Arbeit, gab mir immer wieder Kraft. Es gibt in der Zusammenarbeit mit den Unternehmerfamilien diese magischen Momente, wie ich sie nenne, wenn Veränderungen möglich werden. Wenn die beteiligten Personen beginnen, sich und den anderen auf eine neue Art zu sehen. Wenn es möglich wird, bisher

Unaussprechliches zu besprechen, Verletzungen und Blockaden zu überwinden, Konflikte zu verflüssigen und neue Lösungen zu finden. Und wenn es dann gelingt, dass diese Familien am Ende nicht nur gute und stabile Regelungen für ihre Unternehmen geschaffen, sondern auch in der Familie neu zueinandergefunden haben und oft tatsächlich für ihr Leben glücklicher sind, dann erfüllt mich das mit großer Dankbarkeit und Zufriedenheit.

Wenn ich die Menschen so erreichen kann, dann bekommt all meine schmerzhafte persönliche Erfahrung einen tieferen Sinn. Denn auch wenn meine Maxime immer wieder war, von den Besten zu lernen: In meine Arbeit bringe ich etwas ganz Eigenes ein – ich habe es selbst erlebt! Diese Erfahrung und die Offenheit, mit der ich damit umgehe, bewirken immer wieder, dass Personen sich öffnen, dass Familien in der Lage sind, über ihre Themen anders zu sprechen als bisher und damit auch bessere Lösungen zu finden.

Heute begleite ich große und kleine Familien aus großen und kleinen Unternehmen auch über Deutschland hinaus, halte Vorträge und Seminare, plane Termine auf viele Monate im voraus. Es war von großer Bedeutung für mich, aus eigener Kraft heraus wieder erfolgreich zu sein. Ich musste mir beweisen, dass ich auf eigenen Beinen stehen kann, nicht Opfer bin. Das Scheitern sollte nicht am Ende stehen. Und so bin ich heute selbstständig. Schließlich wollte ich das schon von klein auf …

Übrigens: Das fachliche Wissen und die intensive Auseinandersetzung mit dem Erlebten, die innere und äußere Unabhängigkeit, die ich inzwischen erlangt habe, haben es mir obendrein möglich gemacht, dass mein Vater und ich uns heute wieder näher sind.

Fazit

Das persönliche Erleben, was es heißt, in einer Unternehmerfamilie aufzuwachsen, die Nachfolge in einem Familienunternehmen anzutreten und damit zu scheitern: All diese Erfahrung ist zum besonderen Kern meiner heutigen Kompetenz geworden und bekommt ihren Sinn darin, dass ich nun anderen helfen kann, unsere und andere Fehler zu vermeiden.

So lautet das Fazit für mich: Wenn man aus Erfahrungen und Fehlern wirklich lernt, so können genau diese Fehlschläge zur Basis für den Erfolg werden. Dabei hat mir die Erkenntnis geholfen, dass es immer eine Wahl gibt – auch wenn sie zunächst undenkbar erscheint und unbequem ist.

Denn viel wichtiger ist es, mir selbst treu zu bleiben, an meine eigenen Überzeugungen zu glauben und anspruchsvoll zu sein: vor allem gegenüber mir selbst. Denn für mich hat es sich immer wieder gelohnt, „alles zu geben, nur nicht auf"!

Nina Heinemann

Lioba Heinzler

- Jahrgang 1963
- Supervisorin DGSv
- Freiberuflich tätig seit 2000
- Zuvor 15 Jahre als hauptamtliche Mitarbeiterin in der Seelsorge tätig
- Seit 2007: moewe – Beratung in der Arbeitswelt, Firmensitz Wuppertal

- Partnerschaftsgesellschaft Heinzler-Wengelski-Strock
- Zwei festangestellte Mitarbeiterinnen im Büro, immer mal wieder Praktikanten und Praktikantinnen
- www.moewe-team.de

Ich kannte keinen Karriereplan …

„Es muss doch mehr als ALLES geben …" An diesen Satz aus einer Geschichte meiner Kinder- und Jugendtage erinnere ich mich immer wieder. Vielleicht, weil er sich wie ein roter Faden durch mein Leben zieht.

Menschen, die mich kennen, beschreiben mich als geradeheraus, entschieden und klar. Ja, das ist ein Teil von mir. Doch diese Eigenschaften waren nicht einfach da. Sie sind das Ergebnis eines Prozesses, der nicht abgeschlossen ist. Ich erzähle Ihnen davon, auch weil ich seit vielen Jahren meinen Lebensunterhalt mit dem Thema Veränderung in der Arbeitswelt verdiene. Mit der Frage, wie Veränderung gelingt für einzelne Personen, für Teams und Unternehmen.

Ich wurde in einer von Landwirtschaft und Handwerk geprägten und praktisch veranlagten Familie in Süddeutschland geboren und bin dort in einem katholischen Dorf groß geworden. Sehr vielfältig waren die Berufe nicht, denen ich als Mädchen begegnete.

Für meine Eltern waren Gymnasium, Abitur und Studium für ihre Älteste nicht denkbar. So ist meine Berufslaufbahn ein „typisch" zweiter Bildungsweg: Nach der Schule machte ich eine Lehre zur Damenschneiderin am Staatstheater in Karlsruhe. Eine neue, spannende und schillernde Welt: Werkstätten und Bühne, Handwerker und Künstlerinnen. Und so sehr ich diese Welt und Arbeit liebte: Ich konnte mir nicht vorstellen, für den Rest meines Lebens genau das weiterzumachen. Ich wollte mehr sehen und weiter lernen.

Da ich mich in der Pfarrgemeinde schon einige Jahre mit viel Freude in der Kinder- und Jugendarbeit engagiert hatte, studierte ich Religionspädagogik, mit der klaren Vorstellung, dass ich in diesem Berufsfeld nicht arbeiten würde. Die Fächerkombination mit Theologie, Pädagogik und Psychologie war spannend. Auch wenn ich viele Details nicht brauchte, die Theologie und Psychologie haben mich gelehrt, Fragen über das „Normale" und Vordergründige hinaus zu stellen. Und die Pädagogik gab mir das Handwerkszeug, komplexe Inhalte transparent zu machen.

Nach dem Studium arbeitete ich dann doch 15 Jahre mit viel Herzblut als Seelsorgerin in zwei Kirchengemeinden. Viel gelernt habe ich in der konkreten Praxis zu diesen Themen:

- Wie motiviere ich Mitarbeitende auch ohne Bezahlung? Eine lebendige Gemeinde lebt in erster Linie von ehrenamtlichem Engagement.

- Wie steuere ich Veränderungsprozesse und was brauchen die beteiligten und betroffenen Menschen, wenn Gemeinden zusammengelegt oder aufgelöst werden?

- Was bedeutet Konzentration auf Kernkompetenzen, wenn die Ressourcen schrumpfen?

- Wie organisiere ich mich und das Familienleben als „Working Mum" mit voller Stelle und zeitweise alleinerziehend?

Ich war Anfang zwanzig, als ich meine ersten Erfahrungen bei der Arbeit mit Gremien und Teams machte. Noch etwas schüchtern beobachtete ich, wie die alten Hasen die Arbeit organisierten. Und manchmal war ich recht irritiert, welche Dynamik sich in den Arbeitsteams entwickelte.

Es hatte mich gepackt: Ich wollte verstehen, warum Menschen so unterschiedlich reagierten. Diese Frage ist mir bis heute viel Zeit, Energie und auch Geld für Weiter-

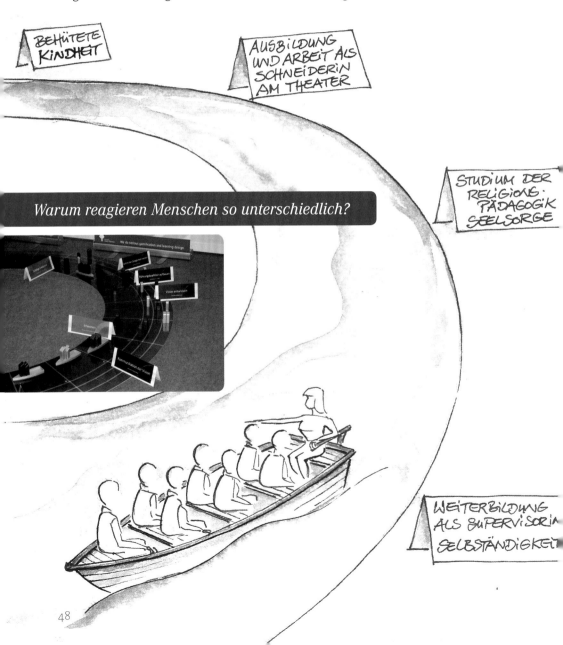

bildungen wert. Was ist die Motivation, aus der heraus Menschen tun, was sie tun, auch wenn es ihnen oder anderen schadet? Und warum reagieren Menschen in derselben Situation so unterschiedlich? Mich beschäftigt über all die Jahre die Frage, was Menschen konstruktiv und wohlwollend miteinander die anstehende Arbeit machen lässt und wie ich darauf Einfluss nehmen kann.

Ich machte mit voller Stelle und kleinem Kind eine dreijährige berufsbegleitende Weiterbildung zur Supervisorin, eine der hochwertigsten Coaching-Ausbildungen im deutschsprachigen Raum. Mit Mitte dreißig war es für mich an der Zeit, nach neuen beruflichen Wegen zu suchen: „Es muss doch mehr als ALLES im Leben geben …"

Selbstständigkeit ist wie Elternwerden: Erst wenn man es ist, werden die wirklichen Herausforderungen spürbar

Nach einigen schlaflosen Nächten kündigte ich meine sichere Stelle und wagte die Selbstständigkeit, um aus den alten Abhängigkeiten herauszukommen und mein eigenes Ding als Supervisorin zu machen. Die neuen Abhängigkeiten schienen überschaubar. Heute weiß ich, dass neue Abhängigkeiten auch macht- und kraftvoll sind. Selbstständigkeit ist eine Reise in ein unentdecktes Terrain, und mich erwarteten als Reisende Abenteuer und Bewährungsproben. Ich denke dabei an unsi-

chere Auftragslagen und fehlenden Umsatz, die Ratlosigkeit bei der eigenen Positionierung, säumige Kunden, manchmal war ich überlastet und auch mit Entscheidungen überfordert.

Ich wusste: Ich bin gut qualifiziert und erfahren im Beruf! Irgendwann war ich Freelancerin in einem großen Projekt als Trainerin und Beraterin. Ich hatte gut zu tun, bis durch die Wirtschaftskrise 2008 dieser Teil innerhalb weniger Wochen fast komplett wegbrach. Mit der Zeit verstand ich, dass sich mein Produkt nicht von alleine verkauft, und fand Spaß am Thema Marketing. Ich lernte, dass auch ich einen systematischen Vertrieb brauche. Am Anfang waren Aufträge eher Zufall. Was ich unterschätzt hatte, war systematische Auftragsakquise, damit sich meine Arbeit, meine Talente in barer Münze auszahlten.

Ich erlebte schmerzlich, dass die Selbstständigkeit viele, oft unfreiwillige Entwicklungsmöglichkeiten in Bezug auf die eigene Person und Persönlichkeit bietet. Immer wieder werden die eigenen Grundüberzeugungen existenziell in Frage gestellt. Man bzw. Frau ist immer wieder auf sich selbst zurückgeworfen, denn die Firma ist Abbild der eigenen Stärken und Schwächen. Von außen gibt nichts und niemand Struktur und Regeln vor. Rein theoretisch ist das ganze Leben ein Experimentierfeld, was praktisch im unternehmerischen Tun deutlich wird. Auch gestandene Unternehmen zwingt die Schnelligkeit der Internationalisierung, Globalisierung und Entwicklung der Technik zu permanenter Veränderung.

Sinnvolle Ideen entwickeln, unterstützen, gemeinsam ein Projekt umsetzen, netzwerken – das konnte ich schon immer! Darin hatte ich Übung seit vielen Jahren. Die Arbeit und das Netzwerk aber so anzusetzen, dass am Ende der Umsatz für mich und am besten auch für die anderen Beteiligten stimmt, ist eine andere Hausnummer. Selbstständigkeit heißt auch, nochmals anders Verantwortung für sich selbst und andere zu übernehmen, denn die Sache mit dem monatlichen Einkommen funktioniert grundlegend anders. Spätestens mit einer festangestelltem Bürokraft und der moewe-Partnerschaftsgesellschaft bekam meine Selbstständigkeit eine andere Dimension.

Für mich tat sich ein neues Arbeitsfeld mit vielen komplexen Beratungsprozessen auf.

Der scheinbare Vorteil eifriger Empfehlungen für geförderte Beratungen zerfiel, als die Fördermittel ausliefen. Da ich in dieser Zeit einen wunderbaren Mann kennenlernte und meine Konzentration weniger auf die Akquise lenkte, war die Folge ein dickes Auftragsloch.

Unsere Themen sind in allen Arbeitsfeldern relevant, allerdings unterscheiden sich die Begriffe: Supervision nach dem Standard der DGSv (Deutsche Gesellschaft für Supervision e. V.) ist vor allem in den Feldern der sozialen Arbeit und in der Gesundheitswirtschaft ein Qualitätssiegel. In Wirtschaftsunternehmen ist eher die Coaching gängig. Branchenübergreifend tätig zu sein bedeutet einen Mehraufwand: Empfehlungen werden innerhalb einer Branche ausgesprochen. Eine neue Branche zu erschließen braucht Zeit, denn Grundlage jeder professionellen Zusammenarbeit ist eine vertrauensvolle Beziehung. Umso mehr, wenn es um sensible Themen wie die Entwicklung der eigenen Leitungsrolle oder eines Teams geht.

Ob im kleinen oder größeren Unternehmen, die Fragen bleiben ähnlich: Wie viel Vorbereitung, Überlegen und Planen sind angemessen? Wie viel Geld stecken wir in die Entwicklung von Innovationen und was können wir uns nicht leisten? Mit wem denke ich nach und wer gibt hilfreiches Feedback? Wer ist der richtige Partner für mich und meine unternehmerische Entwicklung? Und so weiter.

Hinfallen ist schmerzhaft

Manchmal stand ich mir auch selbst im Wege. Sicherlich, solange Du einmal mehr aufstehst, als Du hingefallen bist, bleibst Du auf dem Weg und kommst voran. Aber Hinfallen ist schmerzhaft. Doch mein Antrieb blieb: „Es muss doch mehr als ALLES geben …"

Projektgeschäft heißt, dass die Balance zwischen dem Abarbeiten laufender Aufträge und der Akquise gehalten werden muss, um den „Sales Funnel" (Verkaufstrichter) weiter zu bestücken. Es bleibt die Frage nach Prioritäten: Ist der aktuelle Kunde oder das Weichenstellen für neue Kunden wichtiger? Meine Vertriebsüberlegungen fokussieren sich immer mehr darauf, wie sich meine Akquise und die unserer Fima zielgerichtet und effektiv automatisieren. Welches Modell trägt über Jahre und sichert einen guten Grundumsatz? Wie verkaufe ich „leicht", indem ich einen Nutzen biete, für den man gerne Geld ausgibt? Das in der Beratung übliche Prinzip „Zeit gegen Geld" ist auch eine Falle: Um meine Dienstleistung 1:1 anzubieten und mein Einkommen zu sichern, muss ich leistungsfähig bleiben. Doch was ist, wenn ich frisch verliebt bin, Kinder geboren werden, Eltern sterben, das Privatleben momentan wichtiger ist und viel Energie braucht?

Es gehört dazu, mein und unser Business neu zu bedenken. Geht es auch anders, effektiver? Wie kann ich meine Stärken transparent machen und unsere Kompetenzen ins richtige Licht rücken? Wie lässt sich für uns die Digitalisierung nutzen? Wie sehe ich es und wie meine Geschäftspartnerin, hier das passende neue Geschäftsmodell zu entwickeln? Diese Themen fordern mich und uns im Moment heraus. Denn: „Es muss doch mehr als ALLES im Leben geben …"

Fazit: Lerne verkaufen!

Ich habe in meinem Leben viel in meine Beratungskompetenz und in meine Persönlichkeitsentwicklung investiert. Das hat mich und mein berufliches Leben sehr bereichert. Immer noch begeistern mich die Zusammenarbeit mit Menschen und die Weiterentwicklung von Arbeitsteams. Gerne motiviere ich nach wie vor Menschen, ihre Ideen anzupacken und Projekte umzusetzen. Ja, dieser Beruf macht mir immer noch Freude.

Und ich hätte gut daran getan, früher das systematische Verkaufen zu lernen. Reto Stuber, Online-Unternehmer, bringt es für mich auf den Punkt „Solange Du nicht vorhersehbar neue Kunden gewinnen kannst, hast du kein Business". Meine neuen Aufträge sind das Ergebnis einer Strategie.

Ich liebe mein buntes, vielfältiges Leben mit Familie und Freunden in ganz Deutschland und in anderen Ecken dieser Welt, mit interessanten Kolleginnen und Kunden, mit neuen und alten spannenden Projekten. Mich belebt es, immer wieder Neues mit Mut und Elan zu starten, vieles erfolgreich abzuschließen und andererseits auch verheißungsvolle Kooperationen und Ideen, interessante Kunden, die eigenen Vorstellungen von Erfolg mit Schmerz und Trauer zu verabschieden. Und manchmal denke ich mir, dass ein bisschen weniger Abenteuer und Überraschungen nicht direkt in die totale Langeweile führen würden.

Denn: „Es muss doch mehr als ALLES im Leben geben …"

Lioba Heinzler

Silke Hillebrand

- Bewertung von Immobilienbesitz – Sachverständige für Haus- und Grundbesitz

- Eine Mitarbeiterin

- Gründungsjahr: 1995

- Gelernte Kauffrau in der Grundstücks- und Wohnungswirtschaft

- Jahrelange Erfahrung als Maklerin

- Aufbaustudium zur zertifizierten Sachverständigen für die Bewertung aller Immobilienarten (Abschluss: ZIS Sprengnetter Zert)

- Tätigkeitsgebiet Sauerland und Nordhessen

- Verheiratet, zwei Kinder

- 46 Jahre alt

- www.immoexperte-sauerland.de

Zwischen zwei Stühlen – vom alten Rollenbild zur Selbstverwirklichung

Schon als kleines Mädchen fühlte ich mich mit der Immobilienbranche verbunden. Durch den elterlichen Maklerbetrieb wurde ich früh geprägt. Bereits als Kind lernte ich, dass die Unternehmertätigkeit sehr zeitintensiv ist. Die hohe Flexibilität und Unabhängigkeit jedoch faszinierten mich. So machte ich auch sofort nach meiner Ausbildung zur Kauffrau in der Grundstücks- und Wohnungswirtschaft meine Leidenschaft zum Beruf. Die Kombination aus Büroarbeit und Außendienst sowie die zahlreichen Kontakte zu interessanten Menschen machen diesen Beruf so einzigartig. So ist es immer wieder ein beglückendes Erlebnis für mich, wenn Interessenten durch mich genau das für sie passende Haus finden.

Damals war mir klar: Ich würde den elterlichen Betrieb zur Jahrtausendwende übernehmen. Die Entscheidung zur Übernahme kam dann jedoch fünf Jahre früher als geplant, zeitgleich mit der Geburt meines ersten Sohnes. So stand ich, überschwemmt von leidenschaftlichen Muttergefühlen sowie von eigenen und fremden Erwartungen getrieben, vor der bis dahin existenziellsten Entscheidung meines Lebens.

Um meine Kinder heranwachsen zu sehen, Teil ihres jungen Lebens zu sein, verzichtete ich zu diesem Zeitpunkt auf meine berufliche Selbstverwirklichung. Diese nach zahlreichen schlaflosen Nächten getroffene Entscheidung für meine kleine Familie habe ich bis heute nicht bereut.

Spagat zwischen Familie und Beruf

Der elterliche Betrieb wurde daraufhin verkauft. Um zeitlich flexibel zu bleiben, machte ich mich damals selbstständig. Auf diese Weise gelang es mir, weiterhin in meinem Beruf tätig zu sein, auch wenn es nur stundenweise war. Damit begann ein Spagat zwischen Familie und Beruf, den sicher alle berufstätigen Mütter kennen. Angetrieben d urch das permanent schlechte Gewissen, weder der Mutterrolle noch dem Beruf voll gerecht zu werden, wählte ich das Erfolg versprechende Rollenverhalten, das ich aus meiner Kindheit kannte:

Das Zusammenspiel meiner Eltern hatte ich als Kind oft bewundert. Meine Mutter hielt meinem Vater vollständig den Rücken frei. Sie managte uns Kinder, den Haushalt und das Büro meines Vaters, sodass er sich voll entfalten und aufs Geschäft konzentrieren konnte. Dieses Konzept war so von Erfolg gekrönt, dass es mich tief beeindruckte. Wir Kinder vermissten nichts, denn Mutter war stets für uns da, und die Urlaube, die wir gemeinsam mit unseren Eltern verbrachten, waren immer ein Highlight.

So kümmerte ich mich nun auch schwerpunktmäßig um unsere Kinder, managte Haushalt und Familie sowie das Büro meines selbstständigen Ehemannes. Was dazu führte, dass ich vier bis fünf Abende in der Woche im Büro saß, Rechnungen schrieb und die Buchhaltung pflegte. Doch das war nicht alles: Um fachlich auf dem Laufenden zu bleiben, besuchte ich regelmäßig Fortbildungsveranstaltungen der Immobilienbranche und bildete mich im Bereich der Immobilienbewertung weiter aus. In dieser Zeit arbeitete ich als Maklerin und Bewertungssachverständige nur so viel, um aus dem Verdienst meine Weiterbildungen bezahlen zu können.

Mit den heranwachsenden Kindern wurde auch der Freiraum für mich wieder größer. Jetzt sollte sich auszahlen, dass ich durch meine Selbstständigkeit stets im Thema geblieben bin. Kurzerhand schloss ich in Wochenendseminaren meine Personen-Zertifizierung ab und begann, mich erneut im Beruf selbst zu verwirklichen. Motiviert durch den Erfolg und die Freude an meiner Tätigkeit, wusste ich schon bald, dass ich auf dem richtigen Weg bin. Durch das TWIN-Programm der Käte-Ahlmann-Stiftung lernte ich eine wundervolle Mentorin kennen. Die Gespräche mit dieser vor Lebensenergie sprühenden Persönlichkeit brachten mich dazu, die Handbremse endgültig zu lösen. Auf diese Weise gewann ich auch den Mut, meine erste Mitarbeiterin einzustellen. Durch diese Unterstützung im administrativen Bereich kann ich mich nun voll auf mein Kerngeschäft, die Wertermittlung von Immobilien, konzentrieren. Die Bestätigung durch den beruflichen Erfolg erfüllt mich mit Glück und Lebensfreude, wovon auch meine Familie profitiert.

Träume nicht dein Leben – lebe deinen Traum! Das dürfte wohl mein Motto sein.

Lass dich nicht von Rollenmustern vereinnahmen. Lebe, wie du es möchtest.

Genieße deine Kinder, wenn du magst ...
Verwirkliche dich in deinem Beruf ... oder mach beides!

Vor allen Dingen: Höre niemals auf zu lernen, denn das ist die Grundlage für deine persönliche Entwicklung, Selbstverwirklichung und Erfolg!

Silke Hillebrand

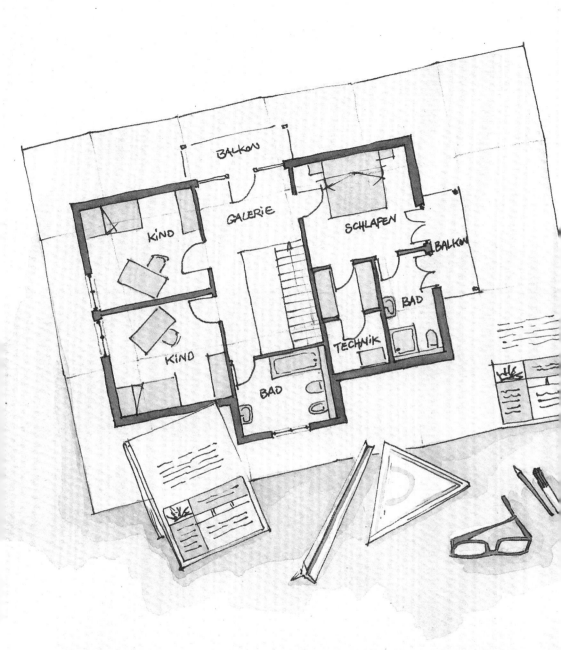

Träume nicht dein Leben – lebe deinen Traum!

und

Höre niemals auf zu lernen!

Britta Hoffmann

- *55 Jahre, verheiratet, ohne Kinder, aber mit elf Nichten und Neffen*
- *Diplom-Betriebswirtin mit vorangegangener kaufmännischer Ausbildung*
- *Inhaberin und Gesellschafterin*
- *Vorher tätig als leitende Angestellte im Bereich Controlling in namhaften Hamburger Großunternehmen*
- *Import und Großhandel von internationalen Lebensmitteln*
- *Firmensitz ist Hamburg*
- *Gegründet 1992 als Mexico Haus GmbH, 2005 übernommen*
- *12 Mitarbeiter*
- *Kunden aus den Bereichen Großhandel, Industrie und Systemgastronomie*
- *www.foodtrading.de*

„Yes, I can!" beziehungsweise „Yes, I could!"

Der Umgang mit Zahlen bereitete mir schon immer viel Freude, und so haben mich Controlling und Rechnungswesen während des Studiums am meisten interessiert. Nach meinem Abschluss arbeitete ich in leitenden Funktionen und machte Karriere im Controlling namhaften Hamburger Unternehmen. Nach zehn Jahren jedoch fühlte ich mich müde, ich war die starren Konzernstrukturen mit ihren langen Entscheidungswegen einfach leid. Auch brauchte ich mehr Zeit für mich.

So kündigte ich meine Festanstellung. Ich wollte fortan als freie Beraterin arbeiten und erhoffte mir so, mehr Zeit und Gestaltungsmöglichkeiten für mich zu gewinnen.

Kurz darauf lernte ich die Eigentümerin eines Importunternehmens kennen, die kurzfristig kaufmännischen Sachverstand brauchte. Ihr international geprägtes Flair imponierte mir und ich willigte gerne ein, ihr Unternehmen zu beraten. „Vielleicht ist das Unternehmen für meine Qualifikation zu klein", dachte ich anfangs, „aber mir wird es sicher gefallen, dort etwas bewegen zu können."

Die Zahlungsunfähigkeit vor Augen

Mein erster Arbeitstag begann mit einer Hiobsbotschaft. Die Bank wollte die Kreditlinie des Unternehmens nicht verlängern. Das hätte die kurzfristige Zahlungsunfähigkeit bedeutet. Es musste schnell gehandelt werden, wir gingen gemeinsam zur Bank. Nachdem ich als neue kaufmännische Beraterin des Unternehmens vorgestellt worden war, konnte ich dank meiner Erfahrung und Überredungskunst das Vertrauen des uns gegenübersitzenden Bankers gewinnen. Wir versprachen, innerhalb einer Woche eine Bewegungsbilanz vorzulegen, so dass die Bank die momentane wirtschaftliche Situation beurteilen konnte. Eine arbeitsreiche Woche später war die Bilanz fertig, die Bank zufrieden und das Unternehmen wieder gut für weitere Kredite. Meine Auftraggeberin war erleichtert.

Die zweite Herausforderung ließ nicht lange auf sich warten. Eine Investmentfirma machte mit einem Mahnschreiben hohe Mietforderungen für ein Lager geltend, das vom Unternehmen gar nicht mehr genutzt wurde. Meine Auftraggeberin erklärte, sie habe das Lager zwar gemietet, aber es sei feucht und für Lebensmittel gänzlich ungeeignet. Sie habe sich gezwungen gesehen, es aufzugeben und ein anderes Lager zu beziehen. Den alten Mietvertrag hatte sie nicht gekündigt, fügte sie etwas kleinlaut hinzu. Es schien, als wäre die Investmentfirma mit ihrer Forderung formal im Recht, und mir war klar, dass das Unternehmen die hohe Summe nicht aufbringen konnte. Die Insolvenz drohte und eine kluge Lösung musste rasch gefunden werden. Statt zu verzagen, suchte ich Rat bei einem Anwalt. Wir entwickelten gemeinsam die Strategie zur Rettung des Unternehmens. Wir entwickelten einen Plan und setzten ihn zügig um. So gründeten wir eine neue Firma, überführten die laufenden Geschäfte von der alten in die neu gegründete Firma und hinterließen ein Unternehmen, in dem nichts mehr zu holen war. Gleichzeitig bereiteten wir uns bestmöglich auf die bevorstehende Verhandlung vor, denn die Investmentfirma hatte uns mittlerweile verklagt. Als wir den Gerichtssaal betraten, waren wir bestmöglich präpariert; unser Gegner, die große Investmentfirma, war es nicht, das stellte sich bald heraus, denn wir gewannen den Prozess wider Erwarten. Das Unternehmen war gerettet. „Alleine hätte ich es nicht geschafft", meinte meine Auftraggeberin sehr erleichtert.

Nun konnte ich meine eigentliche Arbeit beginnen. Bald musste ich feststellen, dass die kaufmännische Leitung nicht zu den charismatischen Eigenschaften meiner Auftraggeberin gehörte, denn das Unternehmen stand wirtschaftlich schlecht da und musste dringend saniert werden. Es gab eine Menge zu tun, ich krempelte die Ärmel hoch und ging strukturiert an die Arbeit. Die Unternehmerin übertrug mir bald die Geschäftsführung und war dankbar, mich an ihrer Seite zu haben.

Viel war geschafft, doch dann starb die Auftraggeberin

Viele Veränderungen und Anpassungen waren erforderlich, aber allmählich verbesserte sich die wirtschaftliche Situation. Das zu gestalten, hat viel Spaß gebracht.

Während das Unternehmen wieder gesundete, erkrankte meine Auftraggeberin und verstarb. Die Erben wollten das Unternehmen nicht weiterführen und boten es mir zum Kauf an. Die Bank gab mir aufgrund der bisherigen guten Zusammenarbeit grünes Licht, und so griff ich zu. Eine solche Gelegenheit bietet sich nicht oft im Leben.

Ich hatte ein Unternehmen gekauft und war jetzt Unternehmerin, ohne es bewusst angestrebt zu haben. Mir standen völlig neue Herausforderungen bevor, und die erste Zeit war nicht leicht. Ich musste einsame Entscheidungen treffen und hatte keinen mehr, den ich um Rat fragen konnte. Meine charismatische Auftraggeberin gab es nicht mehr.

Zehn Jahre sind seitdem vergangen. Das Unternehmen ist ein völlig anderes geworden und meine damalige Auftraggeberin würde ihre alte Firma heute wohl nicht mehr erkennen. Doch nicht der Zufall hat es so verändert, sondern mein Unternehmertum hat es gewandelt. So wurde das übernommene Unternehmen Stück für Stück zu meiner Firma.

Ich weiß heute, dass ich nicht alleine bin. Ich habe qualifizierte Mitarbeiter, die mir helfen. Und bei schwierigen Fragestellungen lasse ich mich beraten. Mein Unternehmen hat sich gut entwickelt. Es hat seine mexikanischen Wurzeln bewahrt, aber es ist zu einem modernen Importunternehmen geworden, das mit Ethno-Food aus aller Welt handelt. Es ist nicht mehr das „Mexico Haus", sondern die „MTG Foodtrading GmbH", die weltoffen ist, ein frisches Erscheinungsbild und einen modernen Internetauftritt hat. Das alte Lager gibt es noch, aber die Verwaltung sitzt jetzt in einem neuen, modernen Büro. Die Struktur der Kunden haben wir nach und nach verändert, statt Kleinkunden aus dem Gastronomiebereich sind es jetzt große Unternehmen aus Industrie und Großhandel, die wir beliefern. Wir haben unser Marketing angepasst, arbeiten mit einer professionellen Werbeagentur zusammen. Wir halten international geltende Food-Standards ein und lassen uns zur Qualitätssicherung regelmäßig zertifizieren. Wir streben dauerhafte Kunden- und Lieferantenbeziehungen an und konnten unser Geschäft stetig ausweiten. Unsere Geldgeber vertrauen uns und wir stehen auf einer soliden Basis.

Britta Hoffmann

Plötzlich Unternehmerin

Mein Fazit

Ich habe die Chance ergriffen, die sich mir bot.
Ich habe überlegt, aber nicht gezögert.

Heute bin ich froh, eine Unternehmerin zu sein.
Ich genieße die Gestaltungsmöglichkeiten, die sich mir bieten.

Eine Unternehmerin ist weder zu alt noch zu jung.
Jedes Alter ist richtig. Das hat man einer Festanstellung voraus.

Es gehört Mut dazu, Unternehmerin zu sein.
Aber der Mensch kann alles, was er sich zutraut.
„Yes, I can!", das ist mein Motto.

Ich muss als Unternehmerin aber auch demütig und dankbar sein.
Gegenüber dem Menschen, der mir die Chance bot, Unternehmerin zu werden. Meinen Beratern, dass sie mich vor Fehlern bewahren. Meinen Kunden, Lieferanten und Geldgebern, dass sie mir immer wieder vertrauen. Und vor allem meinen Mitarbeitern, weil sie mir helfen, meine immer neuen unternehmerischen Ideen zu verwirklichen.

Ajana Holz

- Bestatterin, „Seelen-Hebamme" und Übergangsbegleiterin
- Inhaberin des mobilen, bundesweit tätigen Bestattungsunternehmens DIE BARKE
- Bestattung & Begleitung in Frauenhänden
- www.die-barke.de

Die vergessene „Hebammenarbeit"

DIE BARKE – das Bestattungsunternehmen in Frauenhänden

1995 wurde die Idee geboren. Wir saßen im Garten, meine Freundin und spätere Mitgründerin Brigitte und ich. Wir diskutierten eifrig darüber, was wir wirklich tun wollten im Leben, was für uns wirklich einen Sinn machen würde. „Wie wäre es mit einem Bestattungsunternehmen?" Ich war sofort Feuer und Flamme und wusste tief im Innersten schon damals: „Das ist meine Bestimmung, meine Aufgabe hier!" Es war so klar.

Zum damaligen Zeitpunkt war ich alleinerziehende Mutter. Meine beiden Kinder waren acht und zwölf Jahre alt. Ich hatte wenig Geld, keine Sicherheiten, kein Kapital. Nur mich und das tiefe Wissen, dass ich das machen muss.

Aber zuerst kam alles anders. Ich wurde schwer krank. Im September 1995 bin ich gerade noch mal so eben wieder zurückgekehrt ins Leben, wachte wie aus Eiswasser hochgetaucht im Krankenhaus auf. Ich wusste es, und alle um mich herum wussten es ab diesem Zeitpunkt auch: Wenn ich so weitermache, werde ich sterben.

Ich war zu dieser Zeit schon im zweiten Jahr meiner dreijährigen schamanischen Ausbildung bei (der inzwischen leider verstorbenen) Ute Schiran. Sie war eine wunderbare Lehrerin, und diese Ausbildung ist für mich nach wie vor die wichtigste Grundlage meiner Arbeit als Bestatterin. Nachdem sie davon erfahren hatte, wie es mir ging, half sie mir dabei, einen ganz unerhörten Gedanken zuzulassen: Wie wäre es, wenn ich von nun an nicht mehr allein zuständig für meine Kinder wäre, wenn ich Verantwortung abgeben würde? Das ist für Mütter in dieser Zeit und in unserem Land noch immer mit großen Verboten belegt. Und deshalb war es für mich ein Wagnis, mit meinen Kindern und meinen Eltern darüber zu sprechen. Wir haben gemeinsam eine gute Lösung gefunden, und schon im darauffolgenden Jahr konnten meine Kinder bei ihren Großeltern leben, an Wochenenden und in den Schulferien bei mir. Jetzt konnte ich mich mit all meiner Kraft darauf konzentrieren, am Leben zu bleiben und mich um die Gründung des Bestattungsunternehmens zu kümmern.

So habe ich mich auf den Weg gemacht, vier Jahre lang bis zur Gründung. Das war ein harter Weg. Aber nie gab es einen Zweifel daran, dass ich es machen werde. Schlicht und einfach deshalb, weil es getan werden musste. Weil es Zeit war, wieder einen anderen, menschlichen und liebevollen Umgang mit Tod und Bestattungen auf diesen Teil der Welt zu bringen, vor allem endlich wieder den liebevollen Umgang mit den Toten – die „Hebammenarbeit" für die Toten, das Herzstück unserer Arbeit.

In den vier Jahren bis zur Gründung fragte ich bei Bestattern in ganz Deutschland an, ob ich bei ihnen mitarbeiten dürfte. Ich bekam unter anderem zu hören, dass dies doch keine Arbeit für Frauen sei oder dass niemand diese „Drecksarbeit" freiwillig machen wolle. Damit war die Arbeit mit den Toten gemeint, die mir ja ganz besonders wichtig war. Der Chef eines Unternehmens sagte mir, für diese „Drecksarbeit" (die Toten abholen, versorgen und in den Sarg betten) würden sie sich immer ungelernte Hilfskräfte beim Arbeitsamt holen. Er würde sich damit doch nicht „die Hände schmutzig machen". In den nächsten Jahren sollte mir dieses Hierarchiedenken und die damit verbundene Abwertung dieser so wichtigen Arbeit leider noch sehr oft in der Branche begegnen.

Schließlich fanden Brigitte und ich endlich eine Bestatterin, bei der wir ein Praktikum machen konnten. Ein Ausbildungsberuf war der Beruf Bestatter/in damals noch nicht. Das ist er erst seit wenigen Jahren. Zu dieser neuen Ausbildung zur Bestattungsfachkraft gäbe es noch einiges zu sagen. Jedenfalls können wir sie nicht empfehlen.

Bei „Geld & Rosen", einer Unternehmensberatung für Frauen, haben wir eine Existenzgründungsberatung bekommen, bei der unser Konzept besprochen und kalkuliert wurde. Hier ein Auszug aus diesem ersten Konzept, fast wörtlich so immer noch in unserem aktuellen Flyer zu lesen:

Bestatterinnen zu sein bedeutet für uns:

- Übergangsbegleiterinnen zu sein für die Zeit von Tod bis Bestattung
- „Seelen-Hebammen" zu sein für die Toten auf ihrem Weg hinaus
- Raum schaffen für unsere eigene Kultur des Abschieds
- Lebensgefährt/innen, Freund/innen und Familienangehörige beraten und darin unterstützen, dem Abschied die gewünschte Form zu geben
- diese Wünsche bei Behörden und Friedhöfen durchsetzen und umsetzen
- die Erfahrung mit dem Tod und eine lebendige Abschiedskultur wieder in unser Leben hineinbringen

Eine gute Freundin erzählte mir dann noch von der GLS-Bank. Bei dieser wunderbaren Bank, die nur ökologische oder sozial-kulturelle Einrichtungen unterstützt und sehr verantwortungsvoll mit Geld umgeht, hatten wir überhaupt eine Chance auf einen Gründungskredit, denn ohne Eigenkapital gibt es bei normalen Banken in der Regel kein Geld.

Wir haben unser Projekt einem großen Kreis von Frauen vorgestellt, haben Briefe mit unserem Vorhaben an alle geschickt, die wir kannten. Und sehr viele, über 50 Frauen, haben uns ihr Vertrauen geschenkt, indem sie für uns Kleinbürgschaften (250 bis 2.500 Euro) bei dieser Bank übernommen oder auch verzinste Privatdarlehen gegeben haben.

Dank dieser großartigen Unterstützung konnten wir DIE BARKE am 31. Oktober 1999 gründen.

Aus dem Nichts in die Fülle geboren

Es gab ein rauschendes Fest für alle Unterstützerinnen. Wir hatten einen schön bunt gestalteten Sarg in der Mitte stehen, übervoll mit großen Seidentüchern in vielen Farben, und jede Bürgin oder Darlehensgeberin durfte sich ein Seidentuch herausnehmen, nachdem wir uns bei jeder Einzelnen bedankt hatten.

Alle haben uns bestätigt, dass sie an uns und unser Vorhaben glauben, es begrüßen und wunderbar finden, dass es nun endlich ein Bestattungsunternehmen ausschließlich in Frauenhänden gibt – für eine andere Kultur im Umgang mit Tod und Bestattung!

DIE BARKE nahm ihre Fahrt auf. Der Name ist inspiriert von vielen Mythen über das Totenschiff auf dem Totenfluss, das die Toten sanft und wohlbehütet ans andere Ufer bringt, vom Land der Lebenden ins Land der Toten. Seitdem fahren wir – wirklich! – überallhin in Deutschland, um zu begleiten und die gesamte Bestattung ganz individuell zu organisieren. Wir sind das einzige mobile Bestattungsunternehmen in Deutschland und bieten jede Dienstleistung an, die ein Bestattungsunternehmen normalerweise anbietet. Nur, dass wir immer sehr viel mehr machen als üblich: von der liebevollen Totenwaschung mit Zeit und Ruhe, in der Regel zusammen mit den Angehörigen, bis hin zur Trauerfeier, bei der wir immer den Raum schön gestalten und sehr oft die Abschiedsrede halten, manchmal auch gemeinsam mit dem/der Pfarrer/in. Immer so, dass es das Leben der Toten noch einmal in allen Farben aufleuchten lässt.

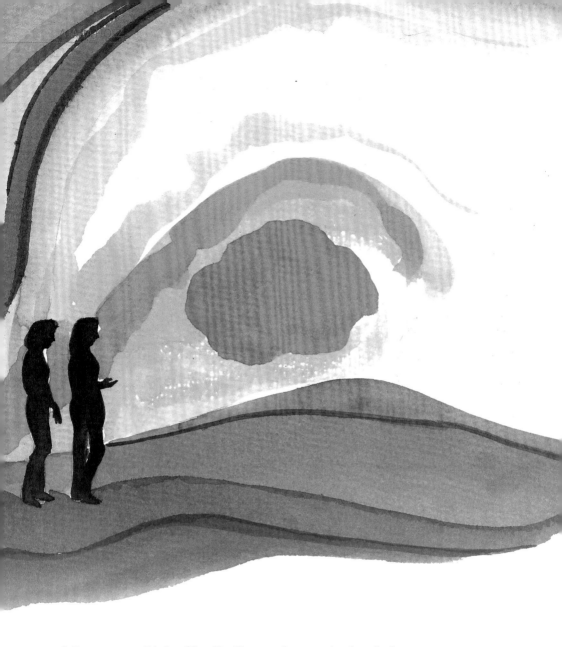

Mit unserer Liebe für die Toten ehren wir das Leben

Von Anfang an wurden wir von Hospiz-Vereinen, Frauenverbänden und anderen eingeladen. Ich habe seither viele Vorträge gehalten und Seminare gegeben. Es war uns klar, dass ein Bewusstsein über Bestattungen die Voraussetzung für einen anderen Umgang mit dem Thema Tod und für eine lebendige Abschiedskultur ist. Und dass diese Informationen vielen Menschen zugänglich gemacht werden müssen. Das hat sehr wesentlich dazu beigetragen, dass sich an vielen Orten und für viele Menschen die Trauerkultur in den letzten Jahren gewandelt hat.

Nach fünf Jahren war der Bankkredit vollständig zurückbezahlt und in den darauffolgenden Jahren auch alle Privatdarlehen. Heute sind wir gänzlich schuldenfrei. Darauf bin ich sehr stolz. Nach den ersten drei Jahren hat meine damalige Partnerin einen neuen Lebensweg gewählt. Das war noch einmal besonders hart, denn nun war ich einige Jahre allein verantwortliche Geschäftsinhaberin. Es gab Zeiten, da glaubte ich, es würde mich zerreißen und ich könnte diese Last nicht länger tragen. Aber dann kam immer Unterstützung auf sehr vielen unterschiedlichen Wegen. Ganz materiell in Form von Privatdarlehen, wenn es nötig war; ganz menschlich in Form von Freundinnen, die an meiner Seite standen. Und auch spirituell. Dort, aus diesem „Land der Toten", von dem in so vielen uralten Menschheitsüberlieferungen erzählt wird. Diese „guten Geister" und Seelen haben mich immer unterstützt und begleitet, und sie haben ein sehr starkes Interesse an unserer besonderen Form der Bestattungsbegleitung: Denn sie wissen, dass „Seelen-Hebammen" notwendig sind.

Mittlerweile arbeiten drei Frauen hauptberuflich in der BARKE und können davon leben. Merle von Bredow ist bereits zehn Jahre dabei und seit 2009 auch meine Geschäftspartnerin. Unsere Dritte im Bunde, Gwendolin Altenhöfer, arbeitet seit 2009, also seit sechs Jahren mit uns. Wir sind ein großartiges Team. Alle sind mit ihrem Sein und mit ihrem Herzen mit dieser wichtigen Arbeit verbunden. Daneben gibt es noch unsere langjährige Buchhalterin und einige freie Mitabeiterinnen. Gerade ist eine junge Frau zu uns gekommen, die mitarbeiten will und nun ein Praktikum bei uns machen wird. Der „Nachwuchs" ist angekommen.

Seit bald 16 Jahren fährt DIE BARKE durch dieses Land. Ein wild bewegtes Leben, tief berührt von Menschen in Ausnahmesituationen, reich beschenkt von den vielen Toten, ihren Leben, ihren Geschichten. So viel Leben im Tod…

Das alles haben wir nur geschafft, weil wir Überlebenskünstlerinnen sind und sehr gut wirtschaften können, wie Frauen das überall auf der Welt tun. Und weil wir an das Leben glauben und die Kraft in den Frauen, ihre tiefe Körperweisheit über Geburt, Leben und Tod. Und daran, dass sich hier etwas gewaltig ändern muss, damit die Lebendigkeit, das Leben selbst, wieder so geehrt wird, wie es lebensnotwendig ist, für uns alle auf dieser wunderschönen Erde.

Ajana Holz

Sabine Hübner

- Geschäftsführende Gesellschafterin der Managementberatung RichtigRichtig.com

- Spezialistin für Servicekultur, Speakerin, Hochschul-Dozentin und mehrfache Buchautorin

- Österreichische Rheinländerin: Geschäftssitz und Lebensmittel- punkt sind in Düsseldorf

- www.sabinehuebner.de | www.richtigrichtig.com

Feuerpferd

Eigentlich bin ich kein „Ratgeber". Wenn jemand sein Herz bei mir ausschüttet oder es aus jemandem einfach nur so herausprudelt, höre ich erst mal zu. Und frage dann: „Willst Du meine Meinung hören?" Darauf ernte ich verblüffte Reaktionen. Für mich ist das eine Frage des Respekts. Manche sagen tatsächlich Nein, weil wir uns beim Erzählen oft schon selbst die Antwort gegeben haben. Wunderbar! Die meisten aber sagen Ja.

Sie lesen gerade dieses Buch und meinen Beitrag. Das ist für mich so, als hätten Sie auf meine Frage Ja gesagt. Und deshalb schreibe ich weiter. Und ganz offen gesprochen, bin ich gerade nicht sicher, ob ich diesen Beitrag für Sie oder vielmehr für mich selbst schreibe. Er ist sehr persönlich, weil mein Beruf persönlich ist.

Alles geben, nur nicht auf - da geht es um hinfallen, überwinden, aufstehen, scheitern, abhaken, Augen zu und durch, weinen, lachen, freuen, feiern, ernten, wieder da sein …

Ich bin so oft aufgestanden wie ich hingefallen bin. Sehr oft. Privat und beruflich. Alleine das ist schon ein Privileg. Meistens war ich ganz leichtfüßig und schnell wieder auf den Beinen, mit einem breiten Grinsen im Gesicht, über mich selbst. Und es gab auch Situationen, da musste ich mich quälen, um wieder aufrecht zu stehen. Da blieb schon mal eine kleine Narbe auf dem Knie und auch in meinem Herzen. Und das Gefühl der Dankbarkeit für wunderbare Freunde, die mir genau dann ihre Hand reichten.

Ich habe viel Glück: Die Natur hat mich mit einer großen Portion Energie ausgestattet, mit Zuversicht und Mut. Mein chinesisches Sternzeichen ist das Feuerpferd. Und mein Vater meinte kurz vor seinem Tod zu meinem Bruder Thomas „Um Sabine mache ich mir keine Sorgen, die ist eine Kämpfernatur." Das hat mich berührt aus seinem Mund und mir noch mal Kraft gegeben. Schön, wenn er recht behält, und das sagt man als Kind ja nicht so oft über seine Eltern.

Wenn ich meine „Karriere" reflektiere, kann ich nicht behaupten: „Ich hatte einen Plan". Eines zieht sich aber durch mein Leben wie ein roter Faden: Ich bin keine Suchende, sondern eine Findende. Das begann schon im Alter von zehn Jahren. Meine Freundin wollte in ein spezielles Internat, nur nicht alleine. Ich bewarb mich solidarisch mit ihr, ohne groß darüber nachzudenken. Ich wurde genommen, sie nicht. Ich zog es dennoch durch. So kam ich – wie die Jungfrau zum Kind – zu einer exzellenten Schulausbildung. Vor allem lernte ich in diesen acht Jahren trotz meines enormen Freiheitsdrangs Disziplin, Selbstständigkeit und meinen Platz in einer Gemeinschaft zu behaupten.

Dann fügte sich eines zum anderen: Das Sprachstudium in Wien, obwohl ich viel lieber Psychologie studiert hätte. Aber das schien damals brotlos, in den frühen 8oer-Jahren wurde man als Psychologe eher Taxifahrer. Meine Anfänge als Rednerin machte ich schon in dieser Zeit. Ich sprang für einen Freund als Reiseleiterin in einem

Skigebiet ein. Vollkommen blauäugig, unvorbereitet und ohne Briefing fand ich mich plötzlich mit zwanzig Jahren beim Begrüßungscocktail vor 120 Neckermann-Gästen wieder. Nicht alle waren happy, viele sogar richtig wütend, weil einiges schiefgegangen war. Damals retteten mich mein österreichischer Charme und mein Gefühl für Gäste, mit denen ich in unserem kleinen Familienhotel aufgewachsen war. Ich biss mich durch und hing sogar noch eine zweite Saison an. Eine gute Entscheidung – vor einer Gäste-Begrüßung lernte ich an der Hotelrezeption Oliver kennen. Wir wurden ein Paar, und ich zog zu ihm nach München.

Die Zeit als Reiseleiterin und mein Kommunikationstalent verhalfen mir schnell zu einem reizvollen Job in der Reisebranche. Aber der Sprung ins benachbarte „Ausland" war damals nicht so einfach: Österreich gehörte nicht zur EU. Man brauchte eine Aufenthaltsgenehmigung, um eine Arbeitsgenehmigung zu bekommen – und eine Arbeitsgenehmigung, um eine Aufenthaltsgenehmigung zu bekommen. Ich weiß gar nicht, wie oft ich von einem Amt zum anderen rannte. Auf jeden Fall so lange, dass mein Arbeitgeber in dieser Zeit Insolvenz anmeldete. Ich fing also wieder von vorne an und hatte großes Glück. Weil ich erstens die Reklamationsabteilung eines Reiseveranstalters mit aufbauen konnte und unglaublich viel Neues über Service lernte und wir zweitens im Sommer so viele Überstunden machten, dass wir von September bis Weihnachten frei hatten.

Mit Oliver fand ich nicht nur eine große Liebe, sondern auch meine zweite Familie, die sie bis heute ist. Olivers Vater Hannes besaß eine feine, sehr spezialisierte Druckerei. Brigitte, seine Frau, half im Büro mit. In einem Herbst wurde Gitti krank und fiel länger aus. Oliver studierte und hatte wenig Zeit. Ich aber hatte ja viel Zeit und bot mich an. Die ersten Tage werde ich nie vergessen. Ich hatte keine Ahnung von Drucktechnik, das waren böhmische Dörfer für mich. Es gab so eine Art „Erfassungsformular" für Anfragen – auf Papier natürlich. Hannes meinte liebevoll: „Wenn Du dieses Blatt mal ausfüllen kannst, bist Du schon richtig gut." Darüber lachen wir heute.

Rechnungen und Angebote tippen wurde mir schnell zu wenig. Und weil jeder Kunde nur mit Herrn Hübner sprechen wollte und nicht mit dem neuen Fräulein Hierl, entwickelte ich eine Strategie: „Herr Hübner ist im Kundentermin. Darf ich...?" Herr Hübner saß nebenan und wusste von all dem nichts. Ich lernte die Drucktechnik und unsere Kunden lieben und sie mich. Hannes bot mir an zu bleiben, erst als Mitarbeiterin, später kaufte ich mich als Gesellschafterin ein. Unser Unternehmen stellte die Drucke für über 90 Prozent aller Telefonkarten in Deutschland her. Für diejenigen, die das nicht mehr kennen: Es gab mal eine Zeit, da warf man Münzen in den Telefonautomaten. Die nächste technische Errungenschaft waren Chipkarten – sozusagen bargeldloses Telefonieren. Ach ja: und Handys gab es damals nicht. Wir erlebten eine aufregende und erfolgreiche Zeit. Ich erfuhr, was es heißt, Unternehmerin zu sein, lernte Produktionsprozesse zu optimieren, übte mich in Präzision und im Blick fürs Detail. Schnell erkannte ich, dass sich Qualitätsprobleme bei solch hochtechnischen Produkten nicht allein mit österreichischem Charme lösen lassen – geholfen hat er trotzdem. Vor allem lernte ich, mich zu behaupten und Mitarbeiter zu begeistern. Hannes mochte meine Ambition, und in ihm fand ich einen Herausforderer. Irgendwann sagte er in einer unserer heißen Diskussionen: „Du musst immer das letzte Wort haben!" Für mich war das ein großes Kompliment.

40 Prozent Umsatz-Verlust

Eines Tages errechnete einer unserer Kunden, dass es günstiger für ihn wäre, die Karten selbst zu drucken, und er investierte in die aufwändige Technik. Wie es geht, hatte er ja bei uns gesehen. Auf einen Schlag verloren wir 40 Prozent unseres Umsatzes. Den Umsatzverlust kompensierten wir mit viel Kraft, den Ertragsverlust nicht. Mit offenem Visier stellte ich mich Bankgesprächen und lernte, mit dem Druck umzugehen, wenn die Finanzen Spitz auf Knopf stehen. Das offene Visier half. Es schaffte Vertrauen, und wir erholten uns wieder, auch, weil wir alle zusammenhielten.

Oliver war mit seinem Vater nicht so ein Match wie ich. Er suchte seinen Weg in einem Management-Training und war so begeistert, dass er auch mich dazu überredete. So lernte ich Hermann Scherer kennen. Er stand kurz davor, bei Dale Carnegie auszusteigen und ein eigenes Unternehmen zu gründen. Die Liebe zur Psychologie und zur Kommunikation ploppten wieder in mir auf, und ich wurde Partner. Gesucht habe ich das alles nicht – es hat mich gefunden.

Ich fing noch einmal ganz von vorne an – in jeder Hinsicht. Hermann war ein exzellenter Trainer, als Redner aber damals ein No-Name, so wie ich. Ganz am Beginn waren wir zu fünft, als es steinig wurde, nur noch zu dritt, und als die ganz großen Brocken im Weg lagen, bleiben nur wir zwei übrig. Ich erinnere mich gut an den Abend am Gardasee. Wir saßen bei einem Glas Wein und überlegten, wer welches Thema besetzen könnte. Schnell war für mich „Service" klar. Service war meine Herkunft: unser Familienhotel im Salzkammergut, meine Geschichte als Reiseleiterin, die Aufgaben beim Reiseveranstalter. Und wie gut, dass sich in den letzten Jahren die intensive unternehmerische Erfahrung in einer technischen Dienstleistung noch hinzugesellt hatte.

Hermann war unentschlossen: Verkauf, Verhandeln, Persönlichkeit, Motivation? Wir fragten uns, ob er – wie Vera F. Birkenbihl – einfach gar nicht nur für ein einziges Thema stehen könnte. So kam es dann auch. Wir wurden gute Freunde und „Unternehmen Erfolg" unser gemeinsames Baby. Einer half dem anderen. Als Redner aber musste jeder sein eigenes Hemd durchschwitzen. Auf der Bühne stehst du immer alleine. Und dass du überhaupt auf guten Bühnen stehst, erledigt auch kein anderer für dich, das dürfen Sie mir glauben.

Unsere Wege trennten sich früh, aus persönlichen Gründen: Ich zog nach Düsseldorf zu meinem neuen Lebenspartner, und „Unternehmen Erfolg" war für mich Geschichte. Nicht ganz: Elisabeth Moosreiner, meine Assistentin, ging mit mir, und Monika Matschnig wurde später zu meiner Herzensfreundin – zwei echte Geschenke.

Ich schaffte es alleine – mit meinem klaren Fokus auf das Thema Service, viel Disziplin und weil ich bin, wie ich bin. Das berühmte Quäntchen Glück war auch dabei. Und ein Mann und neue Freunde, die immer da waren, obwohl ich kaum da war.

Das ist alles lange her. Und heute? Stehe ich noch immer auf der Bühne – und doch hat sich vieles geändert. Menschen mit meinen Vorträgen für Service zu begeistern, dafür brenne ich nach wie vor. Aber irgendwie fehlte meinem Unternehmerherz etwas: die Umsetzung, ein Ergebnis, Mitarbeiter – ein richtiges Unternehmen! Schon früh kamen Anfragen, meine Expertise zum Thema Kundenbegeisterung in Beratungs- und Strategieprojekte einzubringen. Ich zögerte keine Sekunde, auch dieses Terrain zu betreten. Endlich wieder Umsetzung!

Inzwischen gibt es wieder ein richtiges Unternehmen, ein stattliches Team und Carsten K. Rath, meinen besten Freund und Geschäftspartner. Uns beiden gehört die Managementberatung „RichtigRichtig.com". Was uns am Herzen liegt? Begeisterte Kunden. Gemeinsam entwickelten wir ein wirksames System für Kundenbegeisterung. Unser „RichtigRichtig-System" setzen wir mit nationalen und internationalen Unternehmen, Mittelständlern genauso wie Konzernen, erfolgreich um. Wir haben noch viel vor. Weil es unendlich viel Freude macht, zu sehen, was alles geht. Und wenn ich so darüber nachdenke, müsste unser Unternehmen im Chinesischen „YinYang.com" heißen. Wieder einmal hat mich etwas Besonderes gefunden, wieder einmal habe ich mich finden lassen – und es ist genau richtig so.

Ratschläge gebe ich noch immer nicht. Lesen Sie gerne heraus, was Sie für sich heraus- lesen möchten. Das war jetzt vielleicht sehr persönlich – aber anders kann ich nicht.

Sabine Hübner

- *Openlotus –
  Yoga- und Ayurveda-
  zentrum*

- *20 freie Mitarbeiter*

- *Gegründet: 2010*

- *Ausbildungen:
  Fachhochschul-Studi-
  um, angefangenes
  Psychologie-Studium
  an der Universität
  Köln, diverse Ausbil-
  dungen in verschiede-
  nen Yogatraditionen,
  Massageausbildungen
  und Basis-Ausbildung
  Ayurveda*

- *Geschäftssitz: Köln*

- *35 Jahre, verheiratet,
  Mutter von einem
  Mädchen*

- *www.openlotus.de*

Nicole Konrad

Authentizität – nicht verhandelbar!

„Das ist total naiv!" war die Einschätzung einer befreundeten mittelständischen Unternehmerin, als ich ihr erzählte, in welcher Absicht und mit welchen Qualitäten ich das Yogazentrum plante, welches ich in naher Zukunft „ganz groß" eröffnen wollte. Dabei sah sie mich mit einem Blick an, der sagte: „Du wirst schon sehen, dass ich recht habe, und dass du deine Ideale über Bord werfen wirst."

Dieses Ereignis ist nun über sechs Jahre her – und hatte sie recht? Nein, zum Glück nicht.

Was wollte ich? Was war meine Motivation, ein weiteres Yogastudio in Köln zu gründen? Bislang unterrichtete ich nebenbei ein paar Stunden, ich hatte einen kleinen Raum gemietet. Die Kosten waren überschaubar – die Möglichkeiten zur Entfaltung aber eben auch.

Die Lotusblume, die Namensgeberin für das Studio wurde, steht in der asiatischen Symbolik für ein Über-sich-Hinauswachsen und das Erkennen der wahren Natur. Wie alles, das lebt, gedeiht und sich entwickelt, braucht es Zeit, Kraft, Ausdauer und den Willen, nicht das Ziel aus den Augen zu verlieren, um zur vollen Entfaltung zu gelangen. Die Lotuspflanzen entstehen am Grund von Gewässern im Schlamm und arbeiten sich nach oben – durch das immer klarer werdende Wasser bis an die Oberfläche, wo sie ihre Schönheit offenbaren. Und sobald sie da oben sind, kann sie nichts mehr „beschmutzen", der bekannte Lotus-Effekt wirkt. Sinnbildlich steht der Lotus also für unseren eigenen Weg der Entfaltung. Wir selbst haben manchmal das Gefühl, im Schlamm zu stecken, nicht klar zu sehen, da das Wasser um uns herum trüb ist, das Wachsen so langwierig und mühsam erscheint und manches einfach schwierig ist, zumal wir oft nicht einmal einen Vorgeschmack auf das erhalten, was kommen wird. Jedoch gehen wir weiter, im Vertrauen darauf, der inneren Stimme zu folgen und unsere Wahrheit zu entfalten, und überwinden Hindernisse und Zweifel.

Yoga stellt für mich DEN Weg dar. Für mich war und ist diese Praxis ein Weg zur Erkenntnis des eigenen Selbst, der Entwicklung von Güte und Freundlichkeit gegenüber mir und anderen, eine Praxis, die mich lehrt, stark zu sein und dabei auch Verletzlichkeit zuzulassen. Yoga ist auf allen Ebenen heilsam – und genau auf diesen Qualitäten sollte das Studio fußen. In der Yogawelt sagt man gerne: Yoga ist für jeden da – was stimmt. Jedoch ist dieser Grundsatz nicht ganz einfach zu realisieren. Technisch gesehen ist es einfach, Menschen im Yoga zu unterrichten, die jung, fit und nicht verletzt sind. Aber mit allen Yogis zu arbeiten, egal ob sie alt oder jung sind, chronisch krank oder topfit, leistungsorientiert oder Stille suchend – das ist eine ganz andere Herausforderung. Dieser wollte ich mich stellen.

Neben einem hochwertigen regulären Kursprogramm hatte ich außerdem im Bereich der Fort- und Weiterbildung von Yogalehrern die Absicht, Maßstäbe zu setzen. Um Yoga zu unterrichten, bedarf es eines tief fundierten Wissens über die menschliche Anatomie und die Bewegungsprinzipien wie auch eines Grund-

wissens über gängige Krankheitsbilder. Außerdem ist ein detailliertes Wissen über die Hintergründe des Yoga, seine Philosophie, die Geschichte und die daraus entstandenen verschiedenen Yogatraditionen nötig. Dazu sind Lehrkompetenz, Beobachtungsgabe, Didaktik und auch eine große Portion Einfühlungsvermögen, Geduld und Empathie notwendig. Besonders wichtig ist die Fähigkeit, jeden einzelnen Teilnehmer zu sehen und zu erkennen, was genau diese Person braucht, um Ganzheitlichkeit zu erlernen. Meines Erachtens fehlt es bei zu vielen Yogakursangeboten und auch Yogalehrerausbildungen fundamental an Kompetenz. Dies liegt unter anderem daran, dass weder der Begriff „Yogalehrer" geschützt ist noch bestimmte Ausbildungsstandards gelten.

Für mich selbst ist Yoga ein Geschenk. Es ist eine Technik, die Bewusstsein auf allen Ebenen schafft. Die Standfestigkeit, die Yoga lehrt, bietet auf der einen Seite die Möglichkeit, spannende Körperhaltungen einzunehmen. Vielmehr aber befähigt sie auch dazu, den inneren Ängsten und alten Wunden zu begegnen, um diese zu heilen. Die Sanftmut, welche Yoga ebenfalls vermittelt, half mir, geduldiger und mitfühlender zu mir selbst und auch zu anderen zu sein. Die bedingungslose Konfrontation mit mir selbst half mir, herauszufinden, was ich wirklich möchte, was meine Wahrheit ist, wer ich bin, welche Muster und Gewohnheiten in mir wirken, und auch gewahr zu werden, nach welcher Verwirklichung ich mich sehnte. Im Grunde war es die Yogapraxis, die mich erkennen ließ, worin meine Fähigkeiten liegen, Mut zu fassen, auch Großes zu wagen und Vertrauen in mich und auch in andere zu haben. Mein Anliegen ist es, das, was für mich so transformierend und ermächtigend war und ist, weiterzugeben und dabei nicht aus den Augen zu verlieren, welche Kostbarkeit Yoga ist. Die Vermittlung dieser Lehre verlangt Respekt, Aufrichtigkeit, höchste Qualität und fortwährendes eigenes Lernen.

Openlotus sollte zu einem Ort werden, an dem jeder willkommen ist. Ich wollte einen geschützten Raum schaffen, der es erlaubt, mit seiner Freude und seinem Kummer, mit seinen Stärken und Schwächen zu sein, sich nicht verstecken und nichts beweisen zu müssen, um sich eben vorurteilsfrei zu begegnen und SEIN zu können. Die buddhistischen Tugenden von Mitgefühl, Güte, Achtsamkeit und auch Vertrauen in das grundsätzliche Gutsein des Menschen waren die Grundlage meines Vorhabens. Damit dies Wirklichkeit werden konnte, suchten wir Mitarbeiter, die diese Gedanken teilten. Meine Absicht war, nicht nur „hip und in" zu verkaufen oder einen Trend zu vermarkten, sondern gelebtes, authentisches und qualitativ hochwertiges Yoga zu vermitteln. Mit Menschen zu arbeiten, das braucht Zeit und einen Rahmen, der Einzigartigkeit willkommen heißt. Nur so ist es langfristig möglich, ein achtsames Bewusstsein für sich selbst und die eigenen Bedürfnisse zu entwickeln und sich zu trauen, man selbst zu sein.

Der ganzheitliche Gedanke von Yoga – es schreibt sich so leicht – ist im Grunde genommen eine radikale Idee, die alles andere als leicht umzusetzen ist. Wie oft zum Beispiel ignoriert man die Bedürfnisse des eigenen Körpers? Der simple Impuls, zur Toilette gehen zu müssen, wird verschoben, bis das Schreiben fertig ist, an dem man gerade arbeitet, der Schlafmangel soll am kommenden Wochenende aufgeholt werden und die Erholung im nächsten fernen Urlaub stattfinden. Yoga sagt: JETZT, HIER, nicht gestern, nicht morgen. Leben ist JETZT. Die kleinen alltäglichen Begebenheiten machen den Unterschied, oder besser gesagt, die Bewusstheit, die ich in jedem Moment erlebe. Yoga lehrt auch die Einheit. Warum zum Beispiel bin ich vielleicht der Meinung, dass Arbeit und Privatleben zwei verschiedene Dinge seien? In dem einen verbringe ich irgendwie meine Zeit, auch wenn es mir nicht gefällt, während ich mich in der Freizeit um mein Wohlbefinden und die Freude kümmere? Sicher, wir müssen zwangsläufig Kompromisse eingehen, und nichts im Leben ist nur gut oder nur schlecht. Aber vielleicht ertragen wir Umstände im Leben, bei denen wir genau spüren, dass diese nicht richtig sind. Wir wagen es aber nicht, die Schritte zu unternehmen, die nötig wären, um Veränderung zu schaffen.

All diese Überlegungen und gehörig viel Optimismus lagen in mir, als ich Openlotus gründete.

Was nach den Jahren noch davon übrig ist? Eigentlich alles! Die Arbeit, die wir machen, zielt auf langfristige Qualität statt auf den schnellen, rauschenden Erfolg. Und nach diesen Jahren genießt Openlotus einen sehr guten Ruf, und wir arbeiten auch weiterhin nur mit Menschen, die ebenfalls ernsthaft Interesse an der Tiefe des Yoga haben – und somit an der Entwicklung des eigenen Selbst. Wie die Lotusblume auf dem Weg an die Wasseroberfläche, um der Sonne ins Gesicht zu schauen und zurückzulächeln.

Das folgende Zitat stammt Seiner Heiligkeit dem XIV. Dalai Lama. Es hängt bei mir im Yogastudio, denn es erinnert mich immer wieder daran, nie aufzugeben!

Nicole Konrad

Gib niemals auf,

egal, was geschieht,

gib niemals auf.

Entwickle dein Herz.

Zu viel Energie wird in deinem Land

dafür verschwendet, den Intellekt zu entwickeln

statt des Herzens.

Entwickle dein Herz,

sei mitfühlend

nicht nur zu deinen Freunden.

Zu jedem fühlenden Wesen

sei mitfühlend,

arbeite für den Frieden

in deinem Herzen wie in der Welt.

Arbeite für den Frieden,

und ich sage es nochmal,

gib niemals auf,

ganz egal, was passiert

ganz egal, was gerade um dich herum geschieht,

gib niemals auf.

Seine Heiligkeit der 14. Dalai Lama, Tenzin Gyatso

- Geboren 1970 in Camden, New Jersey
- 1990 –1994 in Deutschland als GI (Soldatin) bei der U.S. Army
- 1996 Ausbildung zur Krankenschwester, Klinikum Nürnberg
- Seit 2006 Sängerin als Nebentätigkeit

- Seit 2007 glücklich verheiratet mit Sandra Moore
- 2010 Selbstständigkeit durch Gründung von „Moore Entertainment - Live Music for Your Event"
- Seit 2014 Hauptsitz des Unternehmens in Düsseldorf
- www.katmoore.de

Kat Moore

Erfolg entsteht durch Erfahrung

Nach 14 Jahren Tätigkeit als Krankenschwester hatte ich einen guten Namen für mich aufgebaut. In Europas größtem Krankenhaus hatte ich eine gut bezahlte, unkündbare Stelle. Ich mochte meinen Beruf, war auch stolz darauf, bis die Sparmaßnahmen überhandnahmen und ich kaum Zeit hatte, meine Patienten menschenwürdig zu pflegen. Ich wurde zunehmend frustrierter.

Dazu kam eine finanzielle Krise, die ich mir bis heute nicht erklären kann. Frust-Shopping-Syndrom? I hit rock bottom, ich war am Tiefpunkt: Eine examinierte Krankenschwester mit einer Vollzeitstelle muss nebenbei putzen gehen, how can this be? Ich fragte mich selbst, tränenüberströmt und wütend: „What the hell are you doing wrong, Kat? Where is your all your money going? Irgendwas muss sich ändern. Ich bin die absolute Pleite!"

Ich hielt mich mit Nebenjobs über Wasser, arbeitete bis zu 16 Stunden am Tag für „peanuts" als Bedienung und Putzfrau in einer Kneipe. Nur mühsam ging es vorwärts, aber es ging vorwärts.

In dieser Kneipe, wo ich mehr und mehr arbeitete, merkte ich, dass es dort nicht mit rechten Dingen zuging. Die Gäste schienen mir etwas dubios. Mir wurden noch ganz andere „Möglichkeiten" angeboten, um Geld zu verdienen ... Die Verzweiflung war mir anscheinend anzusehen. Und plötzlich konnte ich mir sogar Sämtliches vorstellen, nur um schnell schuldenfrei zu werden! Solche Gedanken machten mir Angst. Dann besann ich mich: „Wer bin ich, Kat? Was ist aus mir geworden? Wie kommt man darauf, dass ich bereit wäre, so etwas zu tun?" – Das öffnete mir die Augen. Ich musste mich aus diesem „Milieu" entfernen, aber wie? Meine Schulden schienen mich zu überwältigen.

Meine Mutter hatte darauf bestanden, dass wir als Kinder alle ein Instrument lernen. Helen habe ich es zu danken, dass ich überhaupt etwas mit Musik anfangen kann. Meine Eltern stellten uns damals alle möglichen Musik-Genres vor. Und nun, viele Jahre später, kam ich auf die Idee, als Geschenk für Freunde auf einer Taufe zu singen. Nichts Besonderes, nur ein paar Lieder ... That's when it started! A little dream. Was wäre, wenn ich solche Auftritte öfters anbieten würde? Könnte ich damit schneller aus dieser Krise kommen?

Ausgerechnet an diesem Tag, nach der Taufe, wurde ich angesprochen. Ein Schlagzeuger namens Harald fragte mich, ob ich Interesse hätte, im Oberasbacher Gospelchor mitzusingen. Ich dachte mir sofort: „Niemals, da fängt es mit

Singen an und endet irgendwie mit Kinderbetreuung am Samstag!" Ich lag total falsch. Ich ging zu einem Konzert und war begeistert. Gospel? Der Chor hat mich schwer beeindruckt. Die Frage war, ob ich diese Leute als ungelernte Hobby-Sängerin auch beeindrucken könnte. They gave me a chance, und ich werde immer dankbar sein für ihren herzlichen Empfang. Ich blieb sechs Jahre bei ihnen, bis ich nach Düsseldorf zog.

Neben den Chorauftritten kamen zahlreichen Angebote. Hochzeiten, Taufen und Geburtstagsfeiern. Es ließ nicht lange auf sich warten, und ich wurde ich von Karin entdeckt, einer erfolgreichen Schlagzeugerin aus Nürnberg. Sie hat mich in meine erste Band gebracht:

„Hot and Spicy". Ich war hin und weg, aber vor allem... überfordert. This was a real band und ich immer noch eine Hobby-Sängerin. Meine Stimme blieb mir immer treu, und als Frontfrau war ich nie langweilig, dennoch hatte Karin und die anderen professionellen Musikerinnen alle Hände voll zu tun, mich auf der Bühne zu begleiten. Mir fiel es sehr schwer, mich an den Abläufe zu halten! Bei Karin bedanke ich mich für die Einführung in eine richtige Band, ihre Geduld war unermesslich. An die Zeit mit „Hot und Spicy" erinnere mich gerne; das war meine Musik, nämlich house music.

> ## „Was du machst, ist sehr wertvoll, verschenke das nicht!"

Immer noch im Minus, aber ich sah zumindest Licht am Ende des Tunnels. Bedienen ging ich schon lang nicht mehr, und ich pflegte auch keinen Kontakt zu den Kollegen von dort. Ich war jetzt mehr oder weniger „Sängerin". Ich lernte allmählich mehr und mehr Profi-Musiker wie Brigitte kennen, eine erstklassige Keyboarderin, die mir endlich zeigte, wie man Songs und die Abläufe von Songs bearbeitet. That was a great help!

Im Jahr 2006 lief es dann gut – zu gut, ich brauchte dringend Hilfe. Als Krankenschwester in Vollzeit war ich überfordert mit Anfragen, ich wusste nicht mal, wie man Verträge formuliert. Durch Zufall lernte ich einen ambitionierten Keyboarder und Künstlermanager kennen: Jörg übernahm meine Bookings: the start of going „professional"!

Nie im Traum hätte ich gedacht, dass ich mit meiner Persönlichkeit und Stimme Menschen so für mich begeistern könnte. People actually pay for me to entertain them: Allein diese Erkenntnis motiviert mich, alles zu geben!

Mir fiel es trotzdem schwer, mich als Sängerin zu bezeichnen. – Da kam Claudia, und wie sie kam. Sie hat mich umgehauen. Sie war und ist für mich die Profi-Musikerin schlechthin. Mit ihr bin ich am meisten gewachsen. Sie brachte mir die Standards bei, stand Auftritt für Auftritt hinter mir, mit Engelsgeduld, während meiner Aufregung – bis hin zum Tränenausbruch vor Nervosität – und ließ mir dennoch Freiraum, mich musikalisch zu entfalten. Sie lehrte mich einen Satz: „Was du machst, ist sehr wertvoll, verschenke das nicht!"

Der Geldkrise dauerte nicht mehr lang. Alles, was ich noch brauchte, waren noch etwa 250 Euro, dann wäre ich raus aus dem Kampf! Lange nicht im Plus, aber … Ab jetzt arbeitete ich nur noch 30 Stunden in der Woche in drei Schichten. Eine Erleichterung, aber mittlerweile war jede Schicht zu viel: „I mog nimmer, ‚Schwesta Kat' ist mit ihrem Beruf unglücklich …" Es machte mir keinen Spaß mehr, die Patienten schienen mich auszusaugen. Privat war ich nur noch unterwegs, und zum ersten Mal fiel mir auf: Trotz zahlreicher Affären bin ich am Ende des Tages immer allein! Soll das auf Dauer so sein, nur „part-time lover?" Ich wusste aber: Solange ich mich mit 50 Prozent zufriedengebe, würde

ich nie 100 Prozent erwarten können. Eines Tages rief ich meine drei Geliebten an und forderte Klartext: „Wird es nun irgendwas oder nicht?" Lieber bin ich ganz alleine als halb allein. Tja – dreimal Nein!

Und dann kam Sandra, die Physiotherapeutin, „Viel zu schön, um lesbisch zu sein", dachte ich mir. Sie passte nicht in mein Schema, aber haargenau in mein Leben. That's what was missing! Ich wusste nicht, was mir gefehlt hatte, bis sie mir in die Augen schaute. Wir sind inzwischen verheiratet, und das ist mein größter Erfolg. Sie gab und gibt mir immer das Gefühl „Doch, dass kannst Du." Dieses Gefühl begleitet mich in meinem Unternehmensalltag Schritt für Schritt. Danke, Baby!

„Tuneship" – that was an experience like no other. Musik verbindet, und mit dieser Band lernte ich meinen musikalischen Soulmate Sandalo kennen. Ein Genie, das mich durch seine Studio-Sessions berührt hat und eine Bereicherung gewesen ist. Last Step, alles Vorbereitung für „My Moore Entertainment."

Heute, zehn Jahre danach, habe ich zwei eigene erfolgreiche Bands, zahlreiche Auftritte europaweit im Duo und als Solistin. Das Unternehmen lebt überwiegend von Weiterempfehlungen, ich manage alle Bookings selbst und habe immer noch große Freude auf der Bühne. Trotzdem gibt es und soll es meiner Meinung nach immer Raum für Verbesserungen geben. Mittlerweile kann ich behaupten: Dies ist die schönste Arbeit, die ich je ausgeübt habe. Irgendwann werde ich sogar meine Steuererklärung pünktlich abgeben!

Kat Moore

Praise the Lord, no regrets!

Ute Müller

- Alter: 69 Jahre
- Lehre und Tätigkeit als „Industriekaufmann"
- Zweiter Bildungsweg, Abendgymnasium, Sonderprüfung, Studium und Berufstätigkeit
- Ab 1978 Mitarbeiterin in der Firma des Ehemannes, später Mitinhaberin
- Konkurs in den 90-er Jahren
- Wiederaufnahme des Lehrberufs bis zum Rentenalter

LEBENS-ZEITEN

Nur der Mensch, der riskiert, ist frei …

Zeit der Auflösung

„Das soll das Leben gewesen sein?" Ich war Mitte vierzig, als ich diese Gedanken an einem Buß- und Bettag hatte. Schon ein Vierteljahr später kam es richtig heftig. Mir wurde plötzlich klar: Alles bis dahin mühsam Errungene hatte keinen Bestand mehr. Der Arbeitsplatz, das Haus, der Garten, die Autos, vermeintliche Sicherheiten: Alles weg? Unsicherheit für die Kinder? Wohin mit meiner pflegebedürftigem Mutter?

Leben ohne Geld, ohne ein Dach über dem Kopf? Ich ahnte dumpf: Totaler Neuanfang! Doch ich möchte der Reihe nach berichten:

Prägende Erinnerungen: Zeit der Vertreibung

„Leistung lohnt sich." Dieser Leitspruch meiner Eltern stimmte bisher. Immer wieder wurde improvisiert, entwickelt: So war es nach dem Krieg, und doch habe ich als Kind nichts vermisst. Es war eine relativ unbeschwerte Kindheit in der DDR.

Das änderte sich mit der Vertreibung meines Vaters. Wegen seiner zu freizügigen Anwendung der angeblichen Meinungsfreiheit drohte ihm die Verhaftung. Jemand warnte ihn rechtzeitig und ermöglichte ihm die Flucht. Mein Vater, der früher anderen fliehen half, brauchte jetzt selbst Hilfe. Wir als Restfamilie wurden von da an überwacht. Zum Beispiel klingelte um zehn Uhr abends der SchuPo: „Ich habe kein Licht bei Ihnen gesehen. Da wollte ich mich nur mal erkundigen..." Post aus dem Westen hatte stets Öffnungsspuren, die Lehrer und sogar Freunde wollten wissen, wann wir denn unserem Vater folgen würden. Wir mussten immer auf der Hut sein.

> „Gedanken müssen arbeiten, step by step, nicht fliegen."
> *Ute Müller*

Eines Tages reisten wir dann heimlich in den Westen, ich mit einem geschickt vollgepackten Puppenwagen und meine Mutter mit einer alten, verbeulten Aluminium-Milchkanne. „Wird es klappen?", dachte ich starr vor Angst. Die bewaffneten und finster dreinblickenden, fast überall suchenden Grenzer mit ihren großen Hunden, die immer wieder Passagiere aus dem Zug holten, kannte ich von früheren Bahnfahrten. Sie schreckten mich sonst kaum, doch an diesem Tag war alles anders. Diese bedrohliche Staatsgewalt prägte, und dennoch vertrauten wir darauf, dass es gut gehen würde.

Zeit des Neuanfangs

Menschenschlangen vor dem Lager, Hitze, Leute wurden ohnmächtig, wir wurden geschoben, zugewiesen, es war eine Nacht mit vielen Personen in einem Raum voller

Hochbettpritschen. Es war in einem Flüchtlingslager mit Gemeinschaftssanitärräumen, die meterlange Waschbecken mit vielen Wasserhähnen für viele Personen und nur einen Abfluss hatten. Nach einer Nacht und einem Tag war der Spuk vorbei. Der Inhalt aus der Milchkanne mit seinen Dokumenten reichte für die Flug- und Bahnfahrkarten. Den Puppenwagen holten Verwandte.

Im Irgendwo erwartete uns dann ein Bunker, wieder mit Pritschen, dämmriger Glühbirne, Gestank, Wehrmachtsdecken auf Wäscheleinen, welche die einzelnen Familien abschirmen sollten. Wieder gab es diese Gemeinschaftssanitärräume, wo das Schmutzwasser der anderen an einem vorbeilief. Der Aufenthalt dort sollte sich nach der Dauer des Flüchtlings-Prozederes richten. Meine Mutter hatte einen Zusammenbruch, und auf einmal durften wir dann doch zu unseren Verwandten weiterreisen.

> „Das Wertvollste eines Menschen ist seine Zeit; diese mitmenschlich zu gestalten macht glücklich."
>
> *Ute Müller*

Meine Mutter verdiente, während mein Vater mit seiner Beamtenurkunde nichts anfangen konnte. Diese war mit einem politisch gesetzten Stichtag für Ostbewohner nach dem Krieg

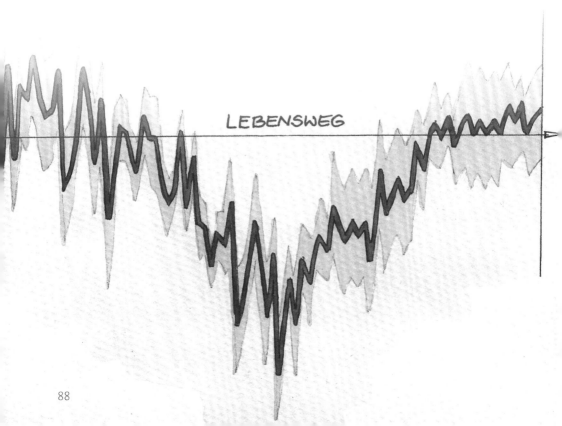

LEBENSWEG

einfach für ungültig erklärt worden und konnte nicht reaktiviert werden. Mein Vater galt als zu alt für seinen Beruf bei der Bahn, also suchte er sich eine andere Arbeit. So ging es Schritt für Schritt voran. Irgendwann wiesen die Behörden uns endlich ein eigenes Zimmer zu. Jetzt hatten wir etwas Privatsphäre. Das dachten wir, denn eines Tages, als ich aus der Schule kam, konnte ich nur durch mein Zusammenschreien von Nachbarn die fremden Männer davon abhalten, meinen Vater mithilfe anderer Hausbewohner mitzunehmen. Er erklärte uns später, wie er als sogenannter Geheimnisträger schon im Lager von allen drei Besatzungsmächten verbal malträtiert worden war. Von diesem Augenblick an waren wir sehr wachsam.

Als wir endlich eine kleine Wohnung bekamen, wurden wir vertrauensseliger. Unsere Verwandten kamen zu Besuch und meinten: „Du lässt Deine Tochter studieren? Ist doch nur ein Mädchen." – „Neid muss man sich erarbeiten!", war die Antwort meiner Eltern. Erst nach der Wende erfuhren wir, dass unsere Verwandten, denen wir so vertraut hatten, als sogenanntes Trojanisches Pferd fungierten. Sie zeichneten unseren Wohnungsgrundriss und gaben ihn mit Gesprächsprotokollen weiter, so erzählten sie uns nach der Wende. Erst zu dieser Zeit hörten wir auch Andeutungen, dass die Tätigkeit meines Vaters im Westen durch Strippenzieher im Osten behindert worden sein soll. Genaues haben wir nie herausbekommen. Mein Vater bekam nach der Wende keine sogenannte Intelligenzrente wie die DDR-Verwandten, das tat weh. Den Kontakt brachen wir wegen des Vertrauensverlustes ab.

Zeit der Möglichkeiten

Ich nutzte günstige Umstände, wo es nur ging. Meine Offenheit und Neugier standen mitunter im Widerspruch zu fest eingefahrenen Strukturen. Doch mit viel Motivation ging immer etwas. So konnte ich mich von meinem perspektivisch begrenzten Beruf als Industriekaufmann verabschieden und die neuen Bildungs- und Förderungsmöglichkeiten nutzen, die mutige Querdenker wie Professor Mikat geschaffen hatten. Ich konnte über den Zweiten Bildungsweg studieren und meinen Wunschberuf als Lehrerin verwirklichen. Es war mir wichtig, einen Beruf zu haben, in dem Frauen genauso viel verdienten wie Männer.

Alles schien perfekt. Meine beruflichen Weichen waren gestellt. Mit viel Disziplin absolvierte ich die zweite Berufslaufbahn. Die Liebe war nicht geplant. Die Geburt unserer Tochter vervollkommnete das Glück. Zügig und erfolgreich schloss ich mein begonnenes Lehramtsstudium ab. Meine Eltern halfen durch ihre Betreuung; mein Mann mit seiner emotionalen Unterstützung. Mit dem Baby wohnten wir noch gut ein Jahr in meinem kleinen Kinderzimmer. Wohnungen waren damals Mangelware. Deshalb bauten wir trotz sehr knapper finanzieller Mittel.

Mit viel Fleiß schafften wir es bis zu einer Hausfinanzierung. Doch der erste Bauunternehmer machte Konkurs, der zweite konnte dies gerade noch abwenden. Wir glichen die daraus entstandenen Finanzierungslücken durch kräftezehrende Eigenleistung aus. Nur mit dem Verhandlungsgeschick meines Schwiegervaters, einem Bausparvertrag meines Mannes, den Kriegs-Entschädigungsleistungen meiner Eltern, die sie uns großzügig überließen, ihrer liebevollen Betreuungsunterstützung und den handwerklichen Fähigkeiten meines Vaters meisterten wir auch diese Hürde. Familie hält zusammen, das war unsere Devise. Anfang der 70er Jahre hatten wir es geschafft: Wir zogen in unser Reihenhaus.

Zeit der Unternehmensgründung

Wenig später stieg mein Mann aus dem Unternehmen seiner Eltern aus, weil Absprachen dort nicht eingehalten wurden. Sofort suchte er nach einem Ladenlokal. Sein Konzept war, sein eigenes Unternehmen mit den bekannten Lieferanten auf Kommissionsbasis aufzubauen. Ich bewunderte seine Entschlussfreude und sein klares Ziel. Mein Traum war die Firma bis dahin nicht, doch ich gönnte ihm seine Selbstverwirklichung von ganzem Herzen und wollte ihm keine Steine in den Weg legen. Daher unterschrieb auch ich den Mietvertrag, wie der Vermieter es forderte. Damit war ich nun rechtlich mit der Firma verbunden, was ich eigentlich nie wollte.

Gemeinsam besprochen, gemeinsam geplant: Durch unsere intakte Familie mit inzwischen zwei Kindern, die sich prächtig entwickelten, meinen sicheren Beruf als Lehrerin und die tatkräftige Unterstützung meiner Eltern erschien mir das Ganze als überschaubares Risiko. Nach einigen entbehrungsreichen Aufbaujahren entwickelte sich das Unternehmen sehr prosperierend, die Umsätze waren gut, oft sehr gut. Mein Mann hatte mit viel leidenschaftlichem Einsatz, Können und hochwertigem Angebot einen festen Kundenstamm aufgebaut.

Diese eigentlich positive Entwicklung wuchs jedoch zu einer Krake heran, die uns zunehmend umschlang. Unsicherheiten, wie ich sie in diesem Ausmaß nicht kannte, auch nicht in der schlechtesten Zeit der Flucht, vergifteten nach und nach die Atmosphäre. Das fast abbezahlte Haus wurde von Neuem mit Krediten belastet. Unsere Lebensversicherungen, ein vorgezogenes Erbe meiner Tante, sogar die letzten Ersparnisse meiner Mutter – beides in fünfstelliger Höhe – sowie weitere, mühsam erarbeitete Sicherheiten flossen in die Finanzierung des Wareneinkaufs und wandelten sich in Unsicherheiten. Alles ganz allmählich, über Jahre, schleichend.

Obwohl mein Mann und ich es nie so haben wollten: Unternehmen und Familie waren inzwischen unkritisch miteinander verwoben, ähnlich wie ich es aus dem Elternhaus meines Mannes kannte. Es gab Sonntagsausflüge zu Mitbewerbern, Hausmessen und so weiter. Mein Schwiegervater meinte: „Familienmitglieder sind die billigsten Arbeitskräfte!" Seine Devise lautete: „Leben, um zu arbeiten." Doch unsere unterschiedlichen Wertvorstellungen sorgten mehr und mehr für Konfliktstoff. Ich arbeitete gern, aber ich wollte arbeiten, um zu leben.

Vielleicht nahm ich genau deshalb Belastungsgrenzen sensibler wahr, reagierte schneller und konsequenter zugunsten der Familie. Zur Familie gehörte, emotional betrachtet, inzwischen aber auch die Firma. Also pausierte ich in meinem Hauptberuf als Lehrerin und wurde zuerst Angestellte, später Mitgeschäftsführerin in der inzwischen gegründeten GmbH: So erhoffte ich mir mehr Steuerungsmöglichkeiten. Und mit meiner Urkunde „Beamtin auf Lebenszeit" war ich mir sicher, im Notfall jederzeit wieder dorthin zurückkehren zu können.

Es kam, wie es kommen musste. Ich stand vor der Wahl, entweder nochmals einer Belastung des Hauses zuzustimmen, oder es würde für die Firma sehr schwierig werden …

Aber nicht hoffnungslos. Doch meine Interventionen glichen den einsamen Bemühungen eines Bootsmannes auf hoher See, der aus voller Kraft rudert, während der zweite Mann Löcher ins Boot bohrt. Mein Mann ließ sich von Leuten beraten, die an ihm verdienten. Gegen seine Killerphrasen wie „Zu unrealistisch, geht nicht!" konnte ich mich bis zum Ende nicht durchsetzen.

Zeit des Funktionierens

Inzwischen waren Arbeitswochen mit 60 Stunden die Regel. Ich nutzte Musik und Tanz als Überlebenstechniken, denn abschalten und sich auf das Wesentliche konzentrieren, auf das eigentliche Leben, die Kinder, die Familie, das alles war äußerst kräftezehrend. Meine Mutter lebte zwar inzwischen in unserem Haus und half mit, aber die Organisation und vieles weitere oblagen weiterhin mir.

Die Kinder waren mittlerweile groß. Den Freiraum wollte ich für mich nutzen. Meinen Freundeskreis hatte ich über die Jahre vernachlässigt, so suchte ich neue Interessenfelder. Das gab mir neue Kraft, doch plötzlich spürte ich bei meinem Mann Feindseligkeit und erntete Spott wegen meines „Selbstverwirklichungstrips", wie er es nannte. Innerlich kündigte ich jetzt. Dieses Empfinden wurde dadurch überdeckt, dass meine Mutter pflegebedürftig wurde. Mit der damals noch neuen Pflegeversicherung focht ich frustrierende Kämpfe erst alleine, dann mit Rechtsbeistand aus.

Mein Mann durchlebte inzwischen eine klassische Midlife-Crisis. Seine plötzlichen Urlaube, wo früher nie Zeit oder Geld da waren, zudem noch seine erneute Forderung nach einer grundbuchmäßig abgesicherten Finanzspritze brachten wirtschaftlich alles zum Platzen. Obendrein hatte er eine Affäre als Nebenkriegsschauplatz.

> *Glück entsteht oft durch Aufmerksamkeit in kleinen Dingen, Unglück oft durch Vernachlässigung kleiner Dinge.* Wilhelm Busch

Zeit für Veränderung

Lieber ein Ende mit Schrecken als gar kein Ende. Lieber in Sack und Asche laufen als sich seelisch verprügeln lassen. Im Scheidungsverfahren trat zutage, wie verwickelt Wirtschaftliches und Privates nach 20 Jahren waren. Ich verlangte daher eine sofortige wirtschaftliche Trennung zum Einfrieren der aktuellen Besitzverhältnisse. Doch meine erfahrenen Rechtsberater sprachen von einem juristischen „Graubereich" und eröffneten mir, dass ich ohne Zustimmung meines Mannes oder die vorherige Scheidung nicht aus der GmbH herauskommen würde. Hoffnungslosigkeit und Krankheit schwächten mich. Mein Mann bot an: „Trag mich im Grundbuch ein, dann kannst du aus der Firma aussteigen." Ich malte mir aus, was er dann machen würde, also sagte ich: „Nein!"

Viele Monate später musste ich den Konkursantrag mit unterschreiben. Damit gefährdete ich zwar das auf meinen Namen eingetragene Privathaus, mit dem ich für die

Geschäftskredite gebürgt hatte. Doch ich konnte ja die Hypothek auch weiterhin mit den Mieteinnahmen abzahlen und meine Existenz sichern – so dachte ich. Aber es kam anders. Das Haus floss mit in die Konkursmasse. Dagegen kämpften ich und meine Anwälte noch fast zehn Jahre, bis zur letzten Abrechnung des Konkursverwalters, jedoch vergeblich. Gewinner war am Ende die Bank, die es versteigerte.

Zeitgleich rückte das erwartete Schreckensszenario der Vermögensabwicklung heran. Der Höhepunkt war der Verlust eines Großteils meiner Alterssicherung: Damals war es noch legitim, dass meine einbezahlten gesetzlichen Rentenbeiträge aus der selbstständigen Tätigkeit im Familienunternehmen in die Konkursmasse eingerechnet wurden. Ich hatte bisher selbstverständlich darauf vertraut, dass dieses Geld unantastbar wäre. Erst Jahre später wurden die Gesetze in diesem unglaublichen Punkt geändert. Doch das nützte mir nichts mehr.

Ausgerechnet in dieser Zeit forderte mich die Pflege meiner Mutter immer mehr, sodass ich einen vielversprechenden Honorarvertrag abbrechen und pausieren musste. Mit einer festen, guten Arbeit hätte ich das Ruder wieder in ein ruhiges Fahrwasser lenken und die Basis für die Familie retten können. Doch wie ernüchternd zeigte sich der Arbeitsmarkt: Immer wieder hieß es, ich sei zu alt oder überqualifiziert. Ich war nicht mehr krankenversichert, weil ich kein Geld mehr hatte. Deshalb strebte ich in trotziger Eigeninitiative meinen alten Beruf an, trotz der Vorbehalte des Arbeitsamtes. Meine Arbeitskraft durfte ich nicht für billiges Geld verheizen lassen. Denn nur so würde ich mir wieder Sicherheiten aufbauen und im Alter meine Unabhängigkeit bewahren können: Das war meine Motivation, nicht aufzugeben. Und ich schaffte es.

Die neuen Honorartätigkeiten funktionierten gut. Als mir eine Kollegin eine Stellenausschreibung meines alten Lehrberufes gab, dachte ich: „Das ist die Gelegenheit!" Jetzt wollte ich es wissen, ob ich wirklich zu lange aus dem Beruf heraus war! Die Bewerbungsfrist lief in ein paar Stunden ab. Wochen später hatte ich den sicheren Arbeitsplatz! Jetzt konnte wirklich ein eigenes, neues Leben mit neuen Perspektiven gestaltet werden. Eine Kröte musste ich allerdings noch schlucken. Ich war „zu alt", um im Status meiner Urkunde „Beamtin auf Lebenszeit" zu den mir damit zustehenden Konditionen zu arbeiten. Doch wie kann es sein, dass eine staatliche „Urkunde" mit einem „auf Lebenszeit" verbrieften, mit dem Zweiten Staatsexamen errungenen Status auf einmal nicht mehr gelten soll, nur weil man einige Jahre pausiert? Weder die Gewerkschaft noch das Verwaltungsgericht konnten die Lage zu meinen Gunsten entscheiden. Jeden Monat wurde mir schmerzlich bewusst, dass ich bei gleicher Qualifikation und Leistung für mindestens ein Drittel weniger als meine Kollegen mit Beamtenstatus arbeitete. Dieser Verlust bedeutete auch eine weitere Einbuße an Rente.

Mit Zitronenlaune, Optimismus und Selbstdisziplin ging es dennoch weiter. Trotz aller Einschränkungen schaffte ich es, die mir auferlegten Firmenschulden abzuzahlen und sogar eine kleine Eigentumswohnung zu finanzieren. Mit meinem sicheren Arbeitsplatz konnte ich mir die gewünschte Basis schaffen, sodass ich heute trotz geschröpfter Rente finanziell unabhängig bin. Es reicht kurz über knapp zum Leben.

Resümee

Ich wünsche mir, dass meine Lebenserfahrungen jüngeren Unternehmerinnen zeigen, wo sie mehr als wachsam sein sollten. Auch wenn wir schon genug Arbeit haben und Geld verdienen müssen: In fremden, vielleicht unangenehmen Wissensgebieten müssen wir uns kundig machen! Was bedeutet dieser Schritt, den ich plane oder dem ich zusage, in aller Konsequenz? Was kann passieren? Wie sind die Gesetze zu verstehen, gibt es hier mögliche Fallstricke? Wie kann ich mich absichern?

Mein Traum war immer die Vereinbarkeit von Beruf und Familie. Doch ich habe erlebt, wie sich das Leben immer mehr auf Arbeit reduzierte und von allgegenwärtiger Existenzangst sowie finanzieller Enge geprägt war. Heute würde ich einiges anders machen, Ich würde keine Bürgschaft mehr unterschreiben, selbst wenn „es in der Familie bleibt" – schon morgen kann alles anders sein. Außerdem würde ich nicht so schnell wieder in den Beruf einsteigen. Es ist diskriminierend, die Gesellschaftsleistung von Frauen, die „nur zu Hause sind", geringer zu würdigen als aushäusige, bezahlte Arbeit. Wir Frauen untereinander dürfen uns nicht auch noch bekriegen. Ich schätze die Vielfalt der Lebensentwürfe, ohne Wertung mit „richtig" oder „falsch", solange sie sozial verantwortungsbewusst sind.

Mir fehlte als mitarbeitende Ehefrau und als Selbstständige ein staatliches, würdevolleres Sicherungssystem. Für akute Krisen sollte es die Möglichkeit einer Überbrückungshilfe geben. Auch ein echtes Lohnabstandsgebot für Kleinselbstständige fehlt, wie es das für viele einfache Arbeitnehmer gibt, ebenso ein sogenanntes Rentenabstandsgebot.

Dafür sollten wir uns nach Kräften engagieren, uns mit unseren Mehrheiten gezielter organisieren und Gehör verschaffen, damit solche Missstände aufgedeckt und beseitigt werden.

Trotz aller Desaster bin ich heute dankbar für das, was ich trotz allem erreicht habe: finanzielle Unabhängigkeit und sogar ein bescheidenes Eigentum. Welch ein Glück auch, dass meine Kinder nach dieser Druckwelle die Kraft behalten haben, ihr Leben zu meistern. Wir pflegen unseren Kontakt, das bringt Glücksmomente. Meine Zeit kann ich jetzt für eigene Interessen nutzen. Ich lese, lerne malen, schreibe Gedichte und schwimme, woraus sich neue, schöne Kontakte ergeben. Und ich danke Gott, dass ich gesund geblieben bin.

Ute Müller

Uta Nimsgarn

- Motto: Liebe dein Geld. Und Geld liebt dich. Coaching für Frauen

- Noch keine festangestellten Mitarbeiter

- Vorher: 30 Jahre Bankkauffrau und Betriebswirtin (VWA) in einer Großbank im Private Banking im In-und Ausland

- Online tätig. Coachings über Skype. Online-Gruppenprogramme

- Alter 52 Jahre

- www.uta-nimsgarn.de

Liebesbeziehung mit Geld

Ich bin davon überzeugt, dass alles in unserem Kopf mit unserem Denken anfängt, deswegen beschreibe ich meinen Weg nicht chronologisch, sondern anhand von fünf Glaubenssätzen. Denn im Laufe meiner Arbeit habe ich bemerkt, dass nicht nur ich diese Überzeugungen in mir trug, die mich ausgebremst haben, sondern ganz viele andere Frauen auch.

1. Glaubenssatz: „Alle kennen ihren Lebenssinn und ihre besondere Gabe. Nur ich nicht."

Um mich herum schienen alle genau zu wissen, wie ihre Vision lautet, warum sie hier auf dieser Welt sind. Nur ich nicht. Ich war bei einer Bank angestellt, seit vielen Jahren in Teilzeit, hatte im In- und Ausland gearbeitet, hatte dort wirklich interessante Kunden, liebte alles, was mit Geld zu tun hatte, und das weite Feld der Spiritualität. Was ich aber beides strikt voneinander trennte. In meinem Bücherregal gab es hunderte von Büchern zu diesen Themen. Ich nahm an unzähligen Seminaren teil, machte Ausbildungen und besuchte Workshops. Nur was meine besondere Gabe sein sollte, das blieb mir schleierhaft. Eine Freundin konnte tolle Geschichten schreiben. Die andere singen und eine andere Engel sehen. Ja, das waren wirklich bemerkenswerte Fähigkeiten. Damit konnte man etwas anfangen. Und ich? Ich konnte keine Engel sehen und auch nicht singen. Oder irgendetwas anderes, was mir besonders erschien. Ich verstand nur viel von Geld. Und ich hatte persönlich nicht viel Geld. Was mir natürlich peinlich war. Geht ja gar nicht als Banker ... Deswegen beschäftigte ich mich noch mit Gehirnforschung und Glaubenssätzen.

Jetzt drehen wir die Zeit mal vor. Heute kenne ich meine Gabe und meine Vision. Ja, es hat mit Geld zu tun. Was wahrscheinlich für alle sichtbar war, nur für mich nicht. Ich war wie der Fisch im Wasser, der das Wasser nicht bemerkt.

Also das, was dich auszeichnet, was dich wirklich besonders macht, ist oft das, was du alltäglich tust. Das, was für dich so selbstverständlich ist.

Ja, und manchmal muss man sich für eine Vision entscheiden. Und sie dann umsetzen.

2. Glaubenssatz: „Hilfe, was ist, wenn mich jemand sieht?"

Mein Weg in die Selbstständigkeit war am Anfang genau davon gekennzeichnet: Ich hatte Angst, mich wirklich zu zeigen. In meiner ganzen Stärke und mit meinem Wissen.

Ich wollte mir ein zweites Standbein schaffen und Kosmetik verkaufen. Aber ich konnte niemanden darauf ansprechen. Es ging irgendwie nicht, obwohl ich sonst nicht schüchtern bin. Das kannte ich ja schon von meiner Astrologie-Ausbildung, die ich ein paar Jahre vorher gemacht hatte. Übrigens auch von der Reiki-Ausbildung, die noch früher war. Auch da fiel es mir schwer, jemandem zu erzählen, was ich kann und mache. Jetzt ging es nach meiner Coaching-Ausbildung genauso wieder los. Aber ich wollte doch so gerne starten. Ich hatte zu der Zeit einen großen Bauchladen mit Themen, weil ich noch keine Ahnung hatte, was wirklich mein inneres Licht ist, was mich besonders macht. Beziehungstraining. Kommunikation zwischen Mann und Frau. Glückstraining für Frauen … Voller Elan machte ich also die ersten Flyer mit Seminarangeboten. Und weil ich mich nicht traute, jemanden anzusprechen, legte ich sie überall aus. Darauf hat sich übrigens nie jemand gemeldet. Und ich überlegte, ob ich vielleicht noch eine Ausbildung bräuchte.

Zum Glück investierte ich in mein erstes wirklich gutes Coaching. Und landete direkt in dem, was ich hier auf die Welt bringen wollte. Bei meinem inneren Licht, bei dem, was mich strahlen lässt. Und was ich mich gar nicht getraut hatte zu zeigen: Frauen darin zu unterstützen, dass sie mehr Geld verdienen. Frauen aus ihrem Mangelbewusstsein herauszuholen, damit sie wirklich strahlen können.

Nun ging es ganz einfach. Mein Weg war klar. Jetzt konnte ich auch meinen Ängsten ins Auge sehen und sie dann aus dem Weg schaffen. Es war ein Weg der Selbsterkenntnis, es war das Lösen von inneren Blockaden und Ins-Tun-Kommen. Hatte ich schon erzählt, dass das eine meiner größten Fähigkeiten ist? Ängste zu erkennen und aufzulösen. Ohne großes Trara. Und plötzlich zeigen und öffnen sich Türen, die es vorher anscheinend gar nicht gab. Und ja, ich hatte viele Ängste. Und noch mehr Blockaden.

Ich weiß, dass viele Frauen sich noch nicht trauen, sich wirklich zu zeigen. Das hat unterschiedliche Gründe. Persönliche und gesellschaftliche. Ich bin jedes Mal glücklich, wenn es eine Frau mehr gibt, die ihre Ängste überwindet, alte Muster auflöst und sich wirklich ganz zeigt. Das macht die Welt ein klein wenig heller.

Übrigens nützt es nichts, eine Ausbildung nach der anderen zu machen, das ist ein Irrglaube, der selten weiterführt. Investiere in ein Coaching, das dir hilft, deine PS wirklich auf die Straße zu bringen und dich zu zeigen. Stelle dich deinen Ängsten, löse sie auf und lege los, anstatt dich hinter unzähligen Ausbildungen zu verstecken.

3. Glaubenssatz: „Erst wenn ich genug mit meiner Selbstständigkeit verdiene, kündige ich"

Banker, Betriebswirtin (VWA) und Geld-Coach. Du kannst dir sicher vorstellen, was ich für einen finanziellen Plan hatte: „Ich kündige erst dann, wenn ich mit meiner Selbstständigkeit so viel verdiene, dass ich allein davon leben könnte. Das würde ich wohlgemerkt neben meiner Teilzeitstelle bei der Bank aufbauen. Schließlich bin ich eine alleinerziehende Mutter ohne reiche Eltern im Hintergrund. Ich brauche Sicherheit." Das war mein durchdachter Plan.

Die Realität war dann ganz anders. Ich spürte, dass ich springen musste. Ohne Netz und doppelten Boden. Ich hatte viel getan, aber mein Geschäft hatte kaum Umsätze. Und ich merkte, das würde so bleiben, wenn ich mich weiterhin nicht ganz darauf konzentrierte. Wenn ich nicht eine klare Entscheidung dafür treffen würde. Wenn ich mir – und damit auch meiner Arbeit – nicht wirklich vertrauen würde. Also bin ich gesprungen. Mit drei Monaten Reserve. Und es war meine Feuertaufe.

Bis jetzt habe ich sie bestanden. War es immer leicht? Nein.

Hat es mich stärker gemacht? Definitiv.

Habe ich es bereut? Nie auch nur eine Sekunde. Heute bin ich so glücklich wie noch nie in meinem Leben. Ich weiß genau, wie schwer es ist, seinen Fokus zu halten, wenn es noch nicht so läuft. Und ich kann meinen Kunden und Kundinnen heute all die Tipps und Tricks mitgeben, die wirklich helfen.

Also, manchmal muss man springen. Aber eine Reserve von ein paar Monaten ist notwendig. Und manchmal ist es richtig zu warten. Weil vorher noch einige Ängste aufgelöst werden müssen. Beides kann die richtige Entscheidung sein. Es kommt eben darauf an.

War es immer leicht? Nein.

Hat es mich stärker gemacht? Definitiv.

4. Glaubenssatz: „Dafür bezahlt mich doch keiner. Das weiß doch jeder ...“

Wenn du einen Fisch fragst, was Wasser ist, dann bekommst du wahrscheinlich keine Antwort. Denn für ihn ist das selbstverständlich, es ist ja sein Lebensraum. Genauso ist es mit deinen Fähigkeiten.

Ich habe am Anfang gedacht, den sinnvollen Umgang mit Geld kennen alle. Okay, in der Bank habe ich schon mitbekommen, dass es nicht so ist. Trotzdem dachte ich, dass das ein allgemein verbreitetes Wissen ist. Außerdem habe ich gedacht, dass alle Menschen den Zusammenhang zwischen ihrem finanziellen Erfolg und ihren Gedanken kennen. Das weiß doch jeder, oder? Dann habe ich gedacht, dass ich als Einzige die Angst hatte, mich wirklich zu zeigen. Und es ja auch nicht so wichtig ist, dass ich das Problem kenne und auch seine Lösung ... Diese Liste ließe sich endlos fortsetzen. Bis ich gemerkt habe, dass viele, sogar die meisten Menschen, nicht den Zusammenhang zwischen ihren Gedanken, Mustern, unbewussten Überzeugungen und den Ergebnissen in ihrem Leben kennen. Oder ihn als Hokuspokus abtun. Trotz all den Studien der Gehirnforschung.

Dann wurde mir bewusst, dass ich mit meiner Fähigkeit, genau die richtige Frage zu stellen, meinen Kundinnen und Kunden in ganz neue innere Gedanken und Möglichkeiten führen konnte. Ihnen damit ganz neue Möglichkeiten offenstanden. Sie viel von ihrem Ballast loswurden und frei durchstarten konnten. Ich erkannte, dass es eben doch nicht jeder weiß. Und noch weniger anwenden kann.

Heute kenne ich meinen Wert. Und welchen Wert ich meinen Kundinnen und Kunden liefere. Im Geschäftsleben kommt Geld immer von Menschen. Immer. Und je besser ich diesen Menschen dienen kann, wirklich dienen, umso mehr sind sie bereit, mich dafür zu bezahlen. Denn ich verbessere ihr Leben. Manchmal auf unglaubliche Weise.

Denn Geld ist Wertschätzung. Ich diene und ich verdiene.

Womit verbesserst du das Leben deiner Traumkunden? Wo dienst du ihnen wirklich und machst damit die Welt ein klein wenig besser? Dafür wird man dich gerne bezahlen.

5. Glaubenssatz: „Wenn ich nicht perfekt bin, kann ich doch es niemandem beibringen“

Das war meine Lieblingsausrede. Also, ein Geld-Coach sollte ja mindestens Millionär sein. Bis ich dann festgestellt habe, dass es genau andersherum ist. Ich mache ein Beispiel. Ich hatte noch nie in meinem Leben das Thema, dass ich zuviel gewogen habe. Ich halte mein Gewicht leicht und einfach, ich war sogar gleich nach der Geburt meiner Tochter wieder schlank. Dann wäre ich ja nach dieser Überzeugung ein perfekter Abnehm-Coach, oder? Soll ich dir was verraten? Niemals. Ich hätte absolut kein Verständnis für jemanden, der nicht einfach so mal weniger isst und dafür mehr Sport treibt. Für mich ist das ja völlig einfach. Aber für jemanden, der mehr Gewicht hat,

wahrscheinlich nicht. Ich wäre ein lausiger Gewichts-Coach, gerade weil ich immer schlank war.

Genauso ist es mit Geld. Ich glaube, ich hatte alle negativen Überzeugungen zu Geld, die es gibt. Ich kenne sie alle. Mich trickst niemand mehr aus. Und ich weiß, wie man in bestimmten Situationen reagiert, weil ich eben selbst schon drinsteckte. Diese Erfahrung habe ich gemacht. Und davon profitieren heute meine Kunden.

Also fang an, auch wenn du ein Abnehm-Coach bist und immer noch ein paar Kilo zuviel hast. (Ich schätze übrigens Frauen in allen Formen und Gewichtsklassen... Das ist nur ein Beispiel!) Denn genau deine scheinbare „Schwäche" ist in Wirklichkeit deine Stärke!

Mit der Art, meine Geschichte auf diese Weise zu erzählen, will ich dich ermutigen, bei dir genau hinzuschauen. Vielleicht kennst du die eine oder andere Überzeugung oder dir wird noch eine andere bewusst. Diese Sichtweisen sind nur in deinem Kopf. Sie sind nicht wahr. Du kannst sie jederzeit verändern.

Und hole dir Unterstützung. Wenn du übrigens eine neue Ebene in deinem Leben erreichen willst, dann brauchst du Unterstützung von dort. Nicht von Menschen, die mit dir auf der alten Ebene stehen. Die können dir da selten wirklich helfen.

Das Wichtigste ist, dass du dein Licht leuchten lässt. Das, was dich so besonders macht, das, warum genau du hier bist. Übrigens findet dich dann auch das Geld viel besser, wenn du von innen heraus leuchtest.

Ach ja: und einmal mehr aufstehen als hinfallen. Dann kann deinen Erfolg nichts mehr aufhalten. Denn dann machst du das, was du wirklich kannst, was dir wirklich Spaß macht. Das ist das Beste überhaupt.

Enden will ich mit dem Anfang der wohl bekanntesten Worte von Marianne Williamson (oft Nelson Mandela zugeschrieben):

> *Unsere tiefste Angst ist nicht, ungenügend zu sein.*
>
> *Unsere tiefste Angst ist, dass wir über alle Maßen kraftvoll sind.*
>
> *Es ist unser Licht, nicht unsere Dunkelheit, was wir am meisten fürchten.*
>
> *Lass dein Licht leuchten! Die Welt braucht es!*

Uta Nimsgarn

Gudrun Queitsch

- Alpinkreaktiv: Wander- und Trekkingreisen für Frauen

- Einzelunternehmen als Reiseveranstalterin

- Gründung 2001

- Mit Vertretungskraft im Büro, wenn ich auf Reisen bin

- Geschäftssitz in Wackersberg im Isarwinkel

- Die Reiseagentur läuft im Wesentlichen über Internet und Telefon

- Ausbildung zur Wanderleiterin

- Davor in der Schulforschung an der Universität Salzburg sowie in der Erwachsenenbildung tätig

- Alter: 50 Jahre

- www.alpinkreaktiv.de

In kleinen Schritten über hohe Berge

Mein Berufsweg war nicht vorgegeben, sondern eher ein Step-by-Step-Projekt. Ich arbeitete zuletzt fest angestellt in einem Betrieb für berufliche Rehabilitation und war dort nicht unglücklich. Aber es war auch klar, dass irgendwann eine richtig große Veränderung anstehen würde. Eine gewisse Unruhe breitete sich in mir aus, jedoch konnte ich nicht erkennen, wohin mein Weg führen sollte. Ich beschloss, mir Zeit für Klärungen zu schenken. Alleine startete ich zu einer zehntägigen Wanderung quer durch die Dolomiten. Diese Trekkingtour sollte gewissermaßen eine Pilgerreise zu meinen Träumen werden.

Tagsüber beschäftigte ich mich beim Gehen mit allen möglichen Gedanken und Themen. Ich versuchte dabei, mich auf Berufliches zu beschränken, und stellte mir Fragen wie: Welche Arbeitsinhalte machen mir Spaß? Welche Strukturen wünsche ich mir? Was sind meine Stärken, meine Schwächen?

So mancher Gedanke wurde erwogen, verworfen, neu aufgelegt. An den langen Hüttenabenden saß ich noch über meinem Notizbuch und versuchte, meine Überlegungen in halbwegs strukturierte Sätze zu fassen. Dies war meine selbst gesteckte Aufgabe, Tag für Tag und Höhenmeter für Höhenmeter. An Ideen mangelte es ebenso wenig wie an Einwänden und Problemgedanken. Ich hatte auch ganz praktische Überlegungen, es gab immer die Überschrift: Ich möchte damit Geld verdienen.

Am Ende meiner Reise trieb mich ein heftiges Unwetter ins Tal. Meinem Gedankensalat tat dies keinen Abbruch, der frische Wind war eher klärend. Zufrieden und zugleich neugierig auf die weitere Entwicklung saß ich dann wieder im Zug Richtung München.

Kurz darauf wollte es der Zufall, dass ich als zweite Reiseleiterin zu einer Kletterreise nach Südfrankreich eingeladen wurde. Die Gruppenreise war eine ideale Gelegenheit, den Arbeitsalltag, die Organisationstätigkeit und die Verantwortung, die man trägt, näher kennenzulernen.

Nur wenige Monate nach meiner Wanderschaft war mir klar, dass ich mich als Reiseveranstalterin für Wanderreisen selbstständig machen und versuchen wollte, meiner Leidenschaft für das Trekking mehr nachzugehen.

Mir gelang es recht zügig, aus meinem alten Job auszusteigen und eine gewisse Übergangszeit zu organisieren. Ich hatte das Glück, eine Auftragsarbeit in meinem ursprünglichen Beruf als Erziehungswissenschaftlerin zu bekommen, die auf

ein Jahr befristet war. In dieser Zeit beschäftigte ich mich mit allen Formalitäten und Anforderungen im Zusammenhang mit meiner Existenzgründung.

Das Prozedere war nicht einfach und das Fachgebiet „Wanderreisen in den Alpen" zudem speziell. Nach einigen praktischen Erfahrungen kam ich zu dem Entschluss, mein Reiseangebot exklusiv für Frauen auszuschreiben. Zu oft hatte ich erlebt, dass Frauen in den Bergen nur hinterherlaufen und sich dem Stil der Bergpartner anpassen. Mir schien, dass es einen Bedarf für Mutmach-Aktionen, gemeinsames Naturerleben und Frauen-Kooperation explizit auch auf Reisen gibt.

Gemeinsam mit einer ebenso wanderfreudigen Freundin startete ich das Projekt Alpinkreativ. Angela wollte verstärkt den kreativen Teil mit ihrem Wissen zu Landart u.ä. einbringen. So begannen wir mit dem Konzept für die erste Reise.

Ein Verein, dem wir dieses Konzept angeboten hatten, lehnte nur mit den Worten ab: „Das brauchen wir nicht, die Männer stören doch nicht." Das brachte mich sehr ins Zweifeln, ob mit dieser Geschäftsidee auch wirklich Geld zu verdienen sein könnte.

Alleine unterwegs … ohne Mann?

Die Pilot-Reise war jedoch in überwältigender Geschwindigkeit ausgebucht. Wir waren von dieser ermutigenden Reaktion begeistert. Dies bestärkte mich in meiner Entscheidung, Frauenreisen zu organisieren. Unser Reiseziel waren die Südtiroler Berge. Erste Kommentare machten uns deutlich, wie sehr eine Frauengruppe in den Bergen auffällt. Da hörten wir zum Beispiel von einem einzelnen Bergwanderer, der uns 16 Frauen begegnete, ob wir denn ganz alleine unterwegs seien, also ohne Mann?

Ohne Startkapital in die Selbstständigkeit

Eine Schwierigkeit war die Tatsache, ohne Startkapital in die Selbstständigkeit gezogen zu sein. Schnell war deutlich geworden, dass eine Menge Versicherungen eine Menge Geld sehen wollten, Werbung ordentlich kostete und so weiter. In den folgenden Jahren musste ich nebenbei arbeiten, um finanziell über die Runden zu kommen. Meine Reisetätigkeit ließ sich mit einer Festanstellung kaum vereinbaren, und ich fühlte mich zwischen den verschiedenen Aufgaben zerrissen.

Angela hatte bereits nach zwei Wander-Sommern entschieden, in ihrem Ursprungsberuf zu bleiben. Sie wollte diesen Spagat zwischen Festanstellung und

Nebenerwerb nicht auf sich nehmen und zog sich von unserem Reiseunternehmen zurück. So wurde ich ganz schnell zur Einzelunternehmerin.

Ein wirklich schwaches Jahr forderte meine Durchhaltekraft und meinen Mut aufs Äußerste. Mir fehlten ein Team, Vernetzung und Austausch. In kleinen Schritten entwickelte ich das Reise-Konzept weiter und kam zu dem Entschluss, über Fernreisen meine Saison zu verlängern. Hier im Alpenraum ist die Zeit für Wanderreisen sehr kurz. In fernen Ländern wie der Türkei oder Nepal könnte ich auch schon im März oder bis lang in den Herbst hinein Reisen anbieten und meine Auslastung deutlich erhöhen. Das war nur eine von vielen Ideen, der ich entschlossen nachging.

Meine Vernetzung auszubauen und meine Kreativität auch immer wieder im Austausch mit anderen anzuregen, war ein weiterer Schritt. Ich brauchte eine Weile, bis ich ein passendes Netzwerk gefunden hatte. Aber als ich das erste Mal bei einem W.I.N.-Unternehmerinnen-Netzwerktreffen war, wusste ich: Das ist es! Durch Beratung, Seminare, Coachings und Netzwerktreffen kam ich wirklich auf die Füße. Meine Buchungsauslastung wurde deutlich gesteigert, und ein lang gehegtes Projekt, der Aufbau einer neuen Website, konnte mit Hilfe der richtigen Kontakte nun endlich realisiert werden.

Mein Selbstbild als Bergsportlerin, meine Überlegungen dazu, wie mein Reiseangebot aussehen soll, wie ich meine Zielgruppe definiere und erreichen kann, wo ich mich auf dem engen Markt positioniere, sind immer wieder aufs Neue geprüft und angepasst worden.

Ein weitreichender Schritt war auch der Entschluss, meine Nebentätigkeiten aufzugeben. Nur durch die Bündelung und Ausrichtung all meiner Kräfte in mein eigenes Unternehmen wurde es möglich, meinen beruflichen Traum zu leben und am Leben zu erhalten.

Ohne Marketing geht es nicht.

Coaching und Netzwerken sind das A und O

Achtet auf euch. Macht Pausen und bewahrt die Balance …

Fazit

Mir war klar geworden, dass ich allein mit meiner Begeisterung für die Berge und das Reisen nicht weiterkomme. Neben dem Fachwissen im Bergsport sowie in betriebswirtschaftlichen Belangen sind für eine tragende und dauerhafte Selbstständigkeit auch fundierte Marketingkenntnisse vonnöten. In diesem Bereich musste ich viel dazulernen und auch erkennen, dass ich für die fachfremden Themen dringend Unterstützung und Beratung benötigte. Nur so konnte ich meine Arbeit auf ein solides Fundament stellen.

Coaching und Netzwerken sind für mich das A und O einer Unternehmensgründung. Meine Erfahrung mit einem Unternehmerinnen-Netzwerk hat mich sehr vorangebracht. Auch fachfremde Unternehmerinnen haben mit ihren Ideen und ihrer Kreativität wesentlich an der Entwicklung meines Konzepts mitgearbeitet. Netzwerken macht Mut und hilft aus der Talsohle, um den nächsten Höhepunkt zu erklimmen. Zudem würde ich mir heute schon bei Beginn der Unternehmensgründung einen kompetenten Coach zur Seite stellen.

Einen wesentlichen Aspekt sehe ich auch in der Selbstpflege. Selbstständigkeit bedeutet für mich nicht „selbst und ständig", sondern selbst auf eigenen Beinen zu stehen. Dazu ist es wichtig, mit den eigenen Ressourcen hauszuhalten, Pausenzeiten einzulegen, regenerative Auszeiten zu nehmen und die eigene Balance zu wahren.

Gudrun Queitsch

Veronika Räß

- Das Unternehmen: A BIT OF COLOR consulting

- Gegründet: 2013

- Davor: Personalentwicklerin und Personalreferentin

- Mein Plus: Pädagogin, ausgebildete Trainerin, ausgebildete Visagistin

- Firmensitz: Regensburg. Überregional tätig, auch über Skype

- Schwerpunkt: mit Ausstrahlung und (Selbst-)Bewusstsein zum Erfolg

- Philosophie: die Welt ein bisschen bunter machen

- www.abitofcolor.de

Die Welt ein bisschen bunter machen …

Selbstständig gemacht habe ich mich, weil ich Menschen anstecken und dabei unterstützen möchte, so bewusst, strahlend und energiegeladen zu leben wie nur möglich und dadurch erfolgreich zu sein. Ich bin für ein Leben in Farbe und nicht in Schwarz-Weiß.

Mit meiner Firma A BIT OF COLOR consulting bin ich sehr glücklich. Jetzt.

Denn vor dieser Zeit war ich nicht glücklich! Wirklich nicht glücklich… In meinem Job, mit meiner Situation. Das war 2013. Es war alles in allem, wie man sagt, ein schönes „Gesamtpaket", das sich da zusammengeschnürt hatte. Schlimmer Todesfall in der Familie, etwas tun, das einem keinen Spaß bringt, mit Menschen, mit denen man nicht gut zusammenarbeiten kann… Und irgendwann habe ich mal auf der Toilette in der Arbeit in den Spiegel geguckt und gedacht: „Oje. Du siehst gar nicht gut aus. Du siehst wirklich nicht happy aus." – Und so habe ich „ganz einfach" etwas geändert.

Dieses Ändern, dieses schnelle Reagieren auf Dinge oder Zustände, die mir nicht guttun, ja, das kann ich gut – wenn die Botschaft einmal angekommen ist. Bei mir war es jener „Spiegel-Moment".

Annehmen, was ist, und dafür dankbar sein – nicht immer leicht

Rückblickend muss ich sagen, war es doch eine gute Zeit, und ohne diese Station wäre ich nie da, wo ich jetzt bin. Also ist die Botschaft: „Annehmen, was ist, und dafür dankbar sein"? Ja, irgendwie schon. Dankbarkeit ist sehr kraftvoll. Dankbarkeit ist für mich ein Multiplikator des Guten, und so habe ich gerade in dieser Zeit immer wieder nach Dingen gesucht, für die ich uneingeschränkt dankbar bin.

Natürlich habe ich mich nicht immer supertoll gefühlt, zeitweise ging ich schon etwas auf dem Zahnfleisch und war wirklich nicht spritzig, strahlend und energiegeladen. Ganz im Gegenteil. Das Gefühl, nicht richtig zu sein, sich in der Arbeit nicht gut aufgehoben zu fühlen, das hängt dir nach, das zieht sich ins Private, das hat Auswirkung auf Freundschaften. Die Lösung ist ganz einfach und gleichzeitig doch so schwer: „Etwas ändern!"

Gedacht, gezögert, noch einmal überlegt und schließlich getan! Und ab einem bestimmten Punkt, das wisst ihr selbst, gibt es kein Zurück mehr… Dann geht es einem auch besser. Mit einem Ziel vor Augen, einem Plan, kommt schnell auch ein Gefühl der Erleichterung.

Der Gedanke, mich selbstständig zu machen, war nicht auf einmal da. Hier gab es keinen Zeitpunkt X. Es war eher das Resultat eines Prozesses, einer Phase, in der ich mich oft gefragt habe: Was will ich? Was und wer will ich sein? Und was will ich unter welchen Rahmenbedingungen tun?

Der Prozess war vor allem anderen auch geprägt von einer Offenheit, die ich wieder an den Tag gelegt habe, einem Hinhören und Hinschauen. Zeichen, Dinge und Menschen wahrneh-

> *Ich kündige!*
> *Ich ändere etwas!*

men und nicht übersehen, die einen voranbringen und die einem die Schritte zum Ziel zeigen, einen nach dem anderen. Sofort habe ich zum Beispiel, wenn ich an solche Zeichen denke, den Titel der Zeitschrift „Happinez" aus dem Sommer 2013 im Kopf: „Folge deinem Herzen". Okay, das kann „Zufall" sein, aber Schicksal ist auch das, was du daraus machst …

Irgendwann war also der Entschluss fix: „Ich kündige! Ich ändere etwas!", und das hat sich so richtig und klar angefühlt, dass ich gekündigt habe, ohne bereits einen neuen Job oder viele zahlungskräftige Kunden in Aussicht zu haben.

Zu diesem Zeitpunkt gab es aber ein Vertrauen in mir und auch in mich und in alles, was kommen und sein wird, dass ich einfach keine Angst hatte.

Zu diesem Zeitpunkt war mir vollkommen klar: Um etwas Neues in mein Leben zu lassen, dem Gestalt zu geben, musste ich zu etwas Altem ganz klar Nein sagen und das abschließen.

Ohne finanzielle Hilfe

Meine Firma A BIT OF COLOR consulting habe ich mir alleine und ohne finanzielle Hilfe aufgebaut. Unterstützung hatte ich jedoch sehr viel und das auf unterschiedlichste und vermeintlich undenkbarste, vor allem aber unplanbarste Weise, von Freunden, der Familie, Kollegen, meinem Netzwerk und so weiter. Diese Unterstützung ist nicht mit Gold aufzuwiegen.

Alles in allem bin ich ein Freund des Mottos „Wenn sich eine Tür schließt, öffnet sich eine andere" oder auch „Wenn sich eine vermeintliche Chance verabschiedet, ist Platz für viele neue …".

So kann ich auch nicht von großen Rückschlägen berichten, weil ein sogenannter „Rückschlag" mich bis jetzt immer zwei Schritte vorangebracht hat. Ich kann aber sehr wohl von miesen Gefühlen der Zurückweisung erzählen und dass diese da sein müssen, um Platz für Neues zu schaffen und zuzulassen. Vielleicht sind diese Gefühle ein Indikator dafür, dass sich etwas löst, dass sich etwas Neues auftut – und das fühlt sich ja erst mal nicht nur gut an …

Vertrauen ist aber auch hier mein Schlüsselwort. Denn ich hätte es so, wie es jetzt ist, nicht besser planen können! Das ist das Wunderbare. Es musste tatsächlich alles genau so sein.

Zum Thema Vertrauen möchte ich an dieser Stelle aus einem Blog-Artikel, den ich Anfang des Jahres verfasst habe, zitieren:

Im Jahr 2015 möchte ich vor allem VERTRAUEN

Ich vertraue darauf, dass alles gut werden wird, dass ich zur richtigen Zeit am richtigen Ort bin, dass ich weiterhin so wunderbare Kontakte knüpfen werde, dass ich noch nicht genau wissen muss, wo die Reise hingeht.

Ich vertraue auf zufällige Begegnungen, die ich nicht besser hätte planen können, ich vertraue auf Menschen, die mich unterstützen und mir wohlgesonnen sind.

Ich vertraue darauf, dass LACHEN die beste Medizin ist, dass es schön macht und dass es jung hält …

Ich vertraue darauf, dass Positives wiederum Positives anzieht, ich vertraue darauf, dass ich immer nur ein Stückchen weit sehen muss, der Rest wird sich zeigen, wenn es soweit ist. Ich vertraue darauf, dass ich recht daran tue, nicht an Fünf-Jahres-Pläne zu glauben. Pläne nein, Visionen aber durchaus!!! Pläne können sich einfach zu stark ändern, und man verpasst die vielen zufälligen Möglichkeiten, die sich sonst vielleicht ergeben …

Ich vertraue auf meinen Freund und meine Familie, auf meine wertvollen Freundschaften und dass sie in 2015 nur noch stärker werden.

Ich vertraue auf meine Ängste, die mir immer auch etwas über mich verraten. Ich vertraue darauf, dass vermeintlich verpasste Chancen genauso gut sind und sich dadurch nur noch grandiosere Gelegenheiten ergeben.

Ich vertraue darauf, dass ein NEIN häufig mehr Türen (oft zu sich selbst) öffnet und Wege ebnet als ein JA.

Ich vertraue darauf, dass ich meine eigenen Spuren hinterlassen darf und werde.

Ich vertraue darauf, dass eine Zeit des Nichtstuns, Zurückziehens und Stehenbleibens einen oft mehr Schritte voranbringt als das ewige Hetzen. Ich vertraue darauf, mich immer wieder daran zu erinnern.

Ich vertraue auf das Tun, nicht auf gute Vorsätze – die sind meist frustrierend, weil man sie doch zu oft nicht einhält.

Ich vertraue darauf, mich nicht in ein Korsett des ‚Du musst dies und das machen, um erfolgreich zu sein' pressen zu lassen. Das bremst mich, das setzt mich unter Druck und ist sicher nicht förderlich für ein erfolgreiches Business!

Wenn es fließt, ist es gut, und dann ist mein Tun auch erfolgreich. Wenn du liebst, was du tust, tust du es mit Leidenschaft, das ist ansteckend, das macht froh und das macht auch erfolgreich.

Ich vertraue darauf, dass was jetzt ist, gut ist und genug ist für den Moment.

Ich vertraue darauf, dass das ‚In-sich-selbst-Vertrauen' die wohl beste und mutigste Entscheidung ist.

Ist Vertrauen nun Mut – und Mut einfach Vertrauen? Ich denke, dass Vertrauen wohl die Voraussetzung dafür ist, mutig sein zu können.

Zum Schluss rate ich dir deshalb von Herzen: Sei mutig! Frage dich immer: Welches Risiko habe ich denn? Gibt es überhaupt eines und was kann schlimmstenfalls passieren? Nur du selbst hast es in der Hand. Schnapp' dir die Farbpalette und gestalte dein Leben nach deinen Vorstellungen und Bildern.

Veronika Räß

Meine Vision ist, die Welt ein bisschen bunter zu machen – und was ist deine?

Claudia Schnee

- *You-can-do-it: in sieben Schritten zu deinem Ziel und dem Leben, das du dir immer erträumt hast*

- *Gegründet 2008*

- *Davor: Sozialpädagogin im Schuldienst sowie Familienhilfe im Krisenmanagement für das Jugendamt*

- *Weiterbildung in Video-Interaktionsbeglei-tung, Gestalttherapie, EFT (Emotional-Freedom-Techniques), Pferdecoaching*

- *Geschäftssitz: Frechen. Online; auf XING und Facebook aktiv*

- *www.schneecoaching.de*

Eine Sozialpädagogin wird Unternehmerin und lebt ihren Traum

Als ich in der elften Klasse des Gymnasiums war, bekamen wir das Fach Pädagogik. Sofort war ich fasziniert. Zum ersten Mal hatte ich das Gefühl, es gibt Erklärungen für das, was ich fühle, und vor allem, es gibt etwas, das mich wirklich fest in seinen Bann zieht.

Mein Berufswunsch wurde klarer: Ich wollte Psychotherapeutin werden. Jedoch rieten mir meine Lehrer davon ab, da im Psychologiestudium Mathematik-Kenntnisse erforderlich seien, über die ich nicht verfügte. Also legte ich oberflächlich meinen Wunsch ad acta.

Als ich dann im Laufe des Schuljahres einen Sozialpädagogen in der Berufsberatung kennenlernte, wusste ich: Das ist mein Weg! Damals hätte ich noch nicht sagen können, warum.

Mit 33 Jahren zog ich eine Bilanz und stellte fest: Ich war selbstständig, und ich war Therapeutin und Coach – genau das, was ich schon mit 20 werden wollte.

Unweigerlich stellte ich mir die Frage, warum es mir so wichtig war, selbstständig zu werden und Coach/Therapeutin zu sein.

Um es kurz zu machen: Meine Geschichte ist eine Geschichte über die Macht des Unterbewusstseins und wie es uns lenkt, wenn wir wirklich eine Absicht haben und eine Entscheidung getroffen haben, aber ebenso eine Geschichte über Krisen und dass es immer eine Lösung gibt, wenn man dranbleibt, und nicht zuletzt eine Liebesgeschichte sowohl zu meiner Tätigkeit als auch zu einem Menschen, mit dem ich gemeinsam leben und wachsen kann.

Mein Warum: In beengten Verhältnissen ohne große Anleitung für das Leben aufgewachsen, wollte ich ein freies, selbstbestimmtes Leben führen und Menschen unterstützen, dies ebenfalls zu tun.

Die „7-Schritte-You-Can-Do-it-Formel" als Entwicklungsgeschichte

Begonnen habe ich 2008 nebenberuflich in meiner ersten Praxis mit einem kleinen Raum in einem alten Kloster. Ich war total stolz und dachte sehr naiv, ich müsste nur ein Schild an die Tür machen und schon kämen die Menschen zu mir, sodass ich meine Festanstellung im öffentlichen Dienst als Sozialpädagogin kündigen könnte. Tatsächlich bekam ich einige Klientinnen durch Kurse an der Volkshochschule, aber lange nicht so viele, dass es zum Leben gereicht hätte. Allerdings wusste ich, dass ich in der Schule nicht mehr bleiben konnte und wollte. Dieser Arbeitsplatz war mir zu eng geworden und ich wollte wachsen. Mit all den Vorschriften und Vorgaben gab es dort wenig Möglichkeiten, beziehungsweise ich hatte sie bereits ausgeschöpft.

> *Der amerikanische Schriftsteller Napoleon Hill sagt: „Wer aufgibt, hat schon verloren".*

Ich suchte nach alternativen Verdienstmöglichkeiten und lernte über XING eine Kollegin kennen, die sich ebenfalls in der Jugendhilfe selbstständig machen wollte, bereits die Verträge mit den örtlichen Jugendämtern vereinbart hatte und Verstärkung brauchte. Auf diese Kooperation ließ ich mich ein. 2009 kündigte ich meine Festanstellung und arbeitete zum einen im Auftrag des Jugendamtes, konnte damit meine Fixkosten bestreiten und zum anderen mit meinen Privatklientinnen. Der Hauptanziehungspunkt, mit dem ich damals warb, war die EFT (Klopftherapie), mittels dessen man wunderbar Ängste, negative Gefühle, psychosomatische Beschwerden und so weiter bearbeiten kann. Diese Methode ist auch heute noch ein wichtiger Bestandteil meiner Arbeit.

Parallel lernte ich 2008 meinen damaligen Freund kennen. Was ich zu dem Zeitpunkt nicht wusste, war, dass er eine Borderline-Erkrankung hatte, geschweige denn, was das im Zusammenleben bedeutete.

Die Beziehung hatte ihre Höhen und Tiefen, da wir jedoch nicht zusammen wohnten, dachte ich mir nicht viel dabei. Wir hatten mehr Unterschiede als Gemeinsamkeiten. Über meinen Wunsch, wieder tanzen zu gehen, konnten wir uns nicht einigen. Ich setzte mich durch und lernte meinen jetzigen Mann kennen. Es war Liebe auf den ersten Blick. Damals konnten wir nicht zueinander finden, da er gerade von seiner Frau getrennt und noch völlig gefangen war. Auch ich hing noch in der Beziehung mit meinem Freund fest.

Und irgendwann bröckelte die scheinbar perfekte Oberfläche

An der Oberfläche schien alles perfekt. 2010 begann jedoch diese Oberfläche zu bröckeln. Meine Kooperationspartnerin erkrankte an Brustkrebs, und sie hörte auf, mit mir zu kommunizieren. Erst in einem Nebensatz erwähnte sie, dass ihr Ehemann – ebenfalls Sozialarbeiter – in unsere Firma eingestiegen sei. Im Klartext: Sie würde mit ihm weiterarbeiten. Und noch klarer: Ich bekam keine Fälle mehr vom Jugendamt zugewiesen – meine Verdienstquelle schwand dahin.

In diesem Zusammenhang bot mir mein damaliger Freund an, einen Neustart im Bergischen zu starten, wo sein Haus stünde. Und da er gut verdiene, sei ja alles kein Problem, und ich könne mein Geschäft in Ruhe aufbauen. Das klang verlockend, und ich sagte zu. Im Zusammenleben zeigte sich jedoch seine Erkrankung in vollem Maße. Ich konnte ihm nichts recht machen und war ständig damit beschäftigt, mich zu hinterfragen, was ich falsch gemacht hätte. So ließ ich mich völlig von meiner Arbeit und meinem Ziel ablenken. Dies wurde mir dann auch wieder zum Vorwurf gemacht.

Als die Beziehung dann 2012 zerbrach, war ich am Boden zerstört. Oft hatte ich mir schon überlegt zu gehen, dies aber aus finanziellen Gründen nicht für möglich gehalten: So sehr hatte ich mein Selbstwertgefühl verloren.

Das Beziehungsende und die neue Chance

Doch im Nachhinein war dies das Beste, was mir passieren konnte. Denn jetzt musste ich handeln: Trotz meiner Erschöpfung machte ich mich auf die Suche nach einem neuen Auftraggeber in der Jugendhilfe, um wieder Boden unter die Füße zu bekommen. Dies gelang mir. Dort lernte ich meine Kollegin kennen, mit der ich bis heute sehr erfolgreich Coaching- und Clearing-Interventionen mit Pferden anbiete. In der schwersten Zeit wurden die Pferde, der Aufenthalt und die Tätigkeit im Stall für mich zu einer unschätzbar wertvollen Ressource.

Jetzt war allerdings die Tätigkeit bei der Jugendhilfe und in der aufsuchenden Familientherapie nicht mehr mein Ziel, sondern ich wollte unabhängig Coaching und Persönlichkeitsentwicklung anbieten. Und dann wurde es richtig spannend. Ich begann mit all den Techniken zu arbeiten, die ich gelernt hatte, besonders mit EFT. Mir war klar, es muss eine Lösung geben. Ich stellte mich meinen „Gespenstern", Blockaden und unangenehmen Wahrheiten über mich. So kam ich immer mehr in die Selbstverantwortung für meine „Schöpfungen". Innerlich bat ich das Universum: „Wenn du willst, dass ich diese Arbeit mache, dann gib mir auch die Möglichkeit dazu!" Ich war richtig sauer, hatte ich doch das Gefühl, immer wieder gegen die Wand zu laufen.

In dieser Zeit lernte ich Daniel Weinstock kennen und besuchte seine Seminare. Das war ein erster Durchbruch. Ich verstand und fühlte die Zusammenhänge zwischen Emotionen und Gedankenmustern, lernte, wie wichtig die richtige Positionierung und die Klarheit in Bezug auf den Wunschklienten ist. Auf einmal setzte sich ein Puzzle zusammen: Ich begann, mir die richtigen Fragen zu stellen, entwickelte die You-can-do-it-Formel, setzte mich mit dem Thema Marketing auseinander und bekam auch dort kompetente, nachhaltige Anleitung von den Gründern der Ressourcenschmiede. Und endlich stellten sich die Wunschklienten ein.

Und: 2014 kam ich nach drei Jahren endlich wieder in Kontakt zu meinem jetzigen Mann. Wir haben beide unsere „Hausaufgaben" der inneren Entwicklung gemacht und führen jetzt die schönste Beziehung, die wir uns beide vorstellen können.

Such dir jemanden, der schon dort ist, wo du hinmöchtest.

Wenn ich meinen Weg zusammenfasse, lautet der Titel „You-can-do-it". Den Weg, den ich gegangen bin, ist gleichzeitig auch der Weg, den ich meinen Klient/innen anbiete. Ich arbeite mit den Methoden, von denen ich weiß, dass sie funktionieren, da ich sie selbst als hilfreich erlebt habe. Als Coach sehe ich mich als wichtigstes Werkzeug im Prozess, und alle weiteren Medien sind Hilfsmittel, um dem Problem eine Form zu geben, es besser zu verstehen.

Löse dich von Blockaden und Mustern

Mein Weg zur Unternehmerin und zu den Wunschkund/innen war hauptsächlich ein innerer Weg: sich von alten Blockaden und Mustern zu befreien und immer wieder auf die innere Stimme hören, egal, was andere dazu sagen. Entwicklung und Veränderung beginnen im Inneren und strahlen dann nach außen. Wenn ich einen Rat geben würde, dann diesen: Such dir jemanden, der schon dort ist, wo du hinmöchtest. Frage genau nach, höre auf dein Herz, und wenn es ja sagt, lass dich zu hundert Prozent auf diese Begleitung ein. Kläre dein tiefstes Warum, denn das ist deine Motivation weiterzumachen, auch wenn es aussichtslos erscheint.

Claudia Schnee

Simone Siddiqui

- 27 Jahre jung
- Frisch verheiratet
- Studium Geschichte, Medien, Kommunikation
- Danach Journalistin im Lokalfernsehen und bei Hilfsorganisationen
- Foodbloggerin
- Geplantes Café/ Restaurant in einer Fußgängerzone
- Datum der Eröffnung steht noch nicht fest
- Momentan wird Erfahrung im Gastgewerbe gesammelt
- simslabim.blogspot.ch

Vom Geschichtsstudium über Journalismus und humanitäre Hilfe zum eigenen Café

Mitten in der Existenzgründung

„Bereits im Teenageralter war mir klar, dass ich eines Tages mein eigenes Café haben würde. Nach dem erfolgreich abgeschlossenen Hotelfachhochschulstudium und mehreren Jahren Berufserfahrung in verschiedenen Gastronomiebetrieben, entschied ich mich mit 27 Jahren, den Schritt in die Selbstständigkeit zu wagen."

Äh, nein, halt – nochmals von vorn bitte! Das war ja alles gar nicht wahr. Ich wünschte mir, ich könnte das heute schreiben. So sähe momentan meine Traumkarriere aus. Aber eigentlich ist alles ganz anders. Deshalb hier meine tatsächliche Geschichte:

Im Teenageralter wusste ich nie recht, was ich später einmal für einen Beruf erlernen wollte. Also entschied ich mich mit 16 Jahren gegen eine Lehre und versuchte die Aufnahmeprüfung des Gymnasiums zu bestehen – trotz mittelmäßiger Schulnoten und Kopfschütteln meiner Lehrer und Eltern. Aber auch nach dem Gymnasium wusste ich noch nicht weiter. Am meisten hatte mich in der Schule immer der Geschichtsunterricht begeistert. Aus der Vergangenheit wertvolle Schlüsse für das Hier und Jetzt zu ziehen und über neueste Geschichte zu diskutieren, das war meine Leidenschaft. Also meldete ich mich zum Studium an der Universität Bern an: Hauptfach Geschichte, Nebenfach Medien und Kommunikation, denn Schreiben tat ich immer schon sehr gerne – vielleicht schlummerte ja eine erfolgreiche Journalistin in mir?

Das Studieren fiel mir schwer, viel zu trocken und kopflastig war mir das Ganze. Viel lieber arbeitete ich möglichst viele Stunden nebenbei am Flughafen Zürich für die Swiss und in meiner Freizeit baute ich mit meiner lokalen Kirchengemeinde eine soziale Arbeit in einem Stadtteil auf, in dem viele sozial benachteiligte Menschen lebten. Meine Liebe für diese Menschen war groß, und ich interessierte mich auch brennend dafür, was außerhalb Europas passierte. Bürgerkriege und Naturkatastrophen berührten mein Herz, und am liebsten wäre ich nach Afghanistan ausgewandert und hätte dort Entwicklungshilfe geleistet. Gleichzeitig merkte ich aber, dass ich von Grund auf nicht dafür gemacht war. Die Unannehmlichkeiten eines solchen Aufenthalts hätten mich wohl auf die Dauer zu sehr belastet, dies musste ich mir selbst eingestehen. Also entschied ich mich nach dem Studium für den Berufseinstieg in den Journalismus. Ich hatte das Glück, eine Stelle als Videojournalistin bei einem Lokalfernsehsender zu finden. Später konnte ich dort auch die Nachrichtensendung sowie eine Ausflugssendung moderieren. Welch wertvolle Erfahrungen! Und trotzdem fehlte mir der soziale Bezug, noch immer wollte ich in der humanitären Hilfe Fuß fassen. Als bei einem der weltweit größten Kinderhilfswerke eine Stelle als Mediensprecherin inseriert war, ergriff ich meine Chance, und bereits nach einer Woche durfte ich auf die Philippinen reisen, um über Taifun Hayian zu berichten. Der soziale Aspekt der Arbeit gefiel mir ungemein. Auch die Reisen, die ich mit der Kamera bepackt machen durfte, werde ich niemals vergessen, ebenso die Begegnung mit einer syrischen Frau in einem Flüchtlingscamp im Libanon, welche mir unbedingt eine kleine Goldschatulle schenken wollte. Diese Großzügigkeit inmitten von Not und Elend zu sehen, bewegte mein Herz. Gleichzeitig konnte ich natürlich nicht unbegrenzt viele solcher Reisen machen – nur wenn es absolut notwendig war. Die Finanzen einer NGO (non-governmental organization) sind begrenzt, und ich war auch froh zu sehen, wie verantwortungsbewusst damit umgegangen wurde. Die Zeit hinter meinem Schreibtisch fiel mir jedoch schwerer. Den ganzen Tag in einen Computer zu starren, das war nicht so mein Ding. Kopfschmerzen waren an der Tagesordnung.

Das Herz für Soziales und die Leidenschaft fürs Kochen und Backen

In meiner Bürozeit entwickelte ich eine Leidenschaft fürs Kochen und Backen. Ohne viel Planung oder durchdachtes Konzept startete ich meinen Foodblog SiMS LABiM. Die Freude, Rezepte auszutüfteln, Gerichte zu stylen und zu fotografieren, wuchs immer mehr. Sie wurde so groß, dass ich anfing, darüber Gedanken zu machen, ein eigenes Café zu eröffnen. Im Ausland war ich oftmals hell begeistert von den speziellen Angeboten an Kaffee und Speisen. In der Schweiz gibt es noch nicht viele vergleichbare Orte, in denen nicht nur die normale Hausmannskost auf den Teller kommt. Auch mein persönliches Umfeld ermutigte mich, in diese Richtung Schritte zu wagen. Man sah Potenzial in mir, das ich mir selbst manchmal nicht zutraute.

Das ist auch sozial: Prostituierte verpflegen und Fair-Trade-Kaffee verkaufen

Auch schlägt mein Herz für Menschen am Rande der Gesellschaft nach wie vor noch stark. Anfangs verdrängte ich daher den Gedanken, mich selbstständig zu machen, mit dem Argument, ich könne mich doch nicht einfach bloß selbst verwirklichen und meinem egoistischen Wunsch nachgehen. Mit der Zeit merkte ich aber, dass auch ein Café oder ein kleines Restaurant einen sozialen Aspekt haben kann. Prostituierte nach dem Mittagsansturm zu verpflegen, Fair-Trade-Kaffee anzubieten oder geschützte Arbeitsplätze zu schaffen – die Möglichkeiten sind grenzenlos.

Ohne Ausbildung in die Gastronomie?

Aber wie geht man vor, wenn man weder eine Ausbildung in der Gastronomie hat noch Berufserfahrung in der Branche vorweisen kann? Für ein weiteres Studium konnte ich mich nicht begeistern, aber einen Job in der Gastronomie suchen, das war eine Option! Also kündigte ich die Stelle bei der NGO – was bei manchen Kollegen neben Bedauern auch großes Unverständnis hervorrief. Im März 2014 reisten mein Mann und ich für einen Monat nach Australien. Es waren wunderbare Ferien, die mich nochmals neu für das Vorhaben entflammten und begeisterten. Dann lebte ich einen Monat bei meiner Schwester in Berlin

und besuchte Unmengen an inspirierenden Cafés und Restaurants. Dabei machte ich mir zu jedem kleinsten Detail Notizen: Toiletten zu klein, schöne offene Küche, super Lichtkonzept und so weiter. Ich dokumentiere natürlich auch alles mit der Kamera. Außerdem besuchte ich während der letzten Woche meines Aufenthalts einen Intensivkurs an der Berlin School of Coffee für Leute, die einen Coffeeshop eröffnen wollen. Auch das war eine sehr wertvolle Erfahrung. Von Kaffeebohnen und Plantagen bis zum Businessplan wurden die wichtigsten Themen im Schnelldurchgang besprochen oder zumindest berührt.

Höhen und Tiefen der Gastronomie

Im Mai arbeitete ich dann einen Monat in einem wunderschönen Restaurant am Bodensee, welches sehr modern und jung eingerichtet ist und eine ausgezeichnete Küche hat – was für eine glorreiche Kombination. Eigentlich war geplant, dass ich dort den ganzen Sommer über bleibe. Aber leider hat dies seitens des Restaurants nicht geklappt. Anfangs hat mich dies enorm frustriert, aber inzwischen sieht die Welt schon wieder besser aus. Denn durch Zufall stieß ich auf das Stellenangebot zur stellvertretenden Leitung an einem Außenstandort von einem der bekanntesten Restaurants Zürichs. Seit Juni arbeite ich nun dort zu 100 Prozent und erlebe die Höhen und Tiefen des Gastro-Alltags am eigenen Leibe. Von der WC-Kontrolle über das Auffüllen und Bestellen der Ware bis zum Espressomachen an der Siebträgermaschine ist alles dabei. Auch die Abrechnung gehört zu meinen Aufgaben. Was für ein Privileg, einen solchen Einblick in die Gastronomie zu bekommen – ich bin unendlich dankbar.

Wie lange ich dort arbeiten werde, weiß ich noch nicht. Der Vertrag ist unbeschränkt, aber meine Vorgesetzten wissen von meinen Plänen, etwas Eigenes zu eröffnen. Parallel zu den täglichen Schichten im Restaurant bin ich auf der Suche nach einer geeigneten

> *Viel lieber scheitere ich bei der Verwirklichung meines Traums, als dass ich es gar nie versucht hätte, ihn Wirklichkeit werden zu lassen.*

Location und arbeite an meinem Konzept und Businessplan. Vieles steht noch in den Sternen. Mein Traum wirkt immer noch ungreifbar und fern, und oft ertappe ich mich dabei, wie ich mir selber an die Stirn fasse und mich frage, wieso ich so etwas überhaupt machen will. Auch das Thema Finanzierung ist noch nicht vollständig geklärt. Und während ich hier sitze und diese Zeilen schreibe, überlege ich mir: Wer bin ich, dass ich – bevor ich überhaupt selbstständig bin – bereits darüber schreibe? Und trotzdem hoffe ich, dass ihr durch meine Geschichte ermutigt werdet. Ermutigt dazu, deinem Traum nachzugehen, auch wenn die äußeren Umstände (noch) nicht passend sind und es „ganz objektiv betrachtet" keinen Sinn zu machen scheint.

Denn etwas weiß ich bereits jetzt: Viel lieber scheitere ich bei der Verwirklichung meines Traums, als dass ich es gar nie versucht hätte, ihn Wirklichkeit werden zu lassen.

Simone Siddiqui

Ehrenamtlich tätig:

- Als Vorbild-Unternehmerin 2014/2015 der Initiative Frauen Unternehmen des BMWi (Bundesministerium für Wirtschaft und Energie) sowie

- Als Ideenretterin an Berliner Schulen und

- Als Berliner Koordinatorin des Mentoringprogrammes TWIN der Käte-Ahlmann-Stiftung

Sabine Stengel

- Sabine Stengel, Jahrgang 1964

- Ingenieurin, Innovationsmanagerin, Ideenretterin

- Erstes Unternehmen: cartogis GmbH, gegründet 1996

- Zweites Unternehmen: Die Ideenretterin, gegründet 2014

- Geschäftssitz: Berlin. Tätig in Deutschland, Österreich, Schweiz

- www.die-ideenretterin.de

„Kill Your Darlings" – wie ich lernte, mich von meiner Lieblingsidee zu verabschieden …

Ich bin ein neugieriger Mensch; ich liebe es, die Welt um mich zu entdecken, zu verstehen, wie etwas funktioniert. Ich sehe Dinge, die anderen gar nicht auffallen. Und ich gebe mich mit einem „Das geht nicht!" nicht zufrieden.

Als ich acht Jahre alt war, habe ich unsere alte mechanische Schreibmaschine auseinandergenommen. Weil ich wissen wollte, wie sie funktioniert. Mein Vater hat sie später fluchend wieder zusammenmontiert. Ein Teil blieb übrig – trotzdem ging sie wieder. Vielleicht hat das die Grundlagen gelegt für meinen jetzigen Beruf als „Die Ideenretterin", so ich Dinge optimiere und neu erfinde?

Ich komme aus einem bürgerlichen Elternhaus, mein Vater Ingenieur und Beamter, meine Mutter Sekretärin und Hausfrau. Mut zur Selbstständigkeit war bei uns keine Option.

Zwei Wochen vor meiner ersten Unternehmensgründung, im August 1996 sagte meine Mutter voller Sorge zu mir: „Kind, willst du dir nicht doch lieber einen sicheren Job in der Behörde suchen?"

Aufgewachsen in Nürnberg, musste ich ab der fünften Klasse bis zum Abitur auf eine evangelische Mädchenschule gehen. Dieses starre, veraltete, Schulsystem mit viel Auswendiglernen hat mir die Lust aufs Lernen in der Schule verleidet. Gleichzeitig begann ich, mir Wissen selbst anzueignen. Ich verschlang Bücher, das tue ich heute noch. In all den Jahren probierte ich vieles aus: erst mit meinem Fischertechnik-Baukasten und beim Werkeln mit Vater im Hobbykeller, später brachte ich mir das Know-how über Computer und Software selbst bei. Vielleicht war das nicht immer der einfachste und schnellste Weg zu lernen. Aber in meiner Generation war es nicht üblich, jemanden um Hilfe zu fragen. Es hat mich stark und unabhängig gemacht.

Noch heute lasse ich mir nicht gerne etwas vormachen – jemand versucht mir einzureden, wie kompliziert und aufwendig es sei, eine App zu programmieren? Pustekuchen, ich buche einen Kurs zur App-Programmierung und lerne, wie es geht. Nur dann kann ich beurteilen, wie aufwendig (oder einfach) das wirklich ist …

Ende der achtziger Jahre ging ich nach Berlin und studierte Landkartentechnik, ein Studium mit hohem Praxisbezug an der Technischen Fachhochschule. Als Ingenieurin für Kartographie arbeitete ich in zwei branchenfremden Unternehmen, die anfangs gar nicht wussten, wofür man Kartographen eigentlich brauchen kann. Ich arbeitete mich schnell von der einfachen Mitarbeiterin zur Abteilungsleiterin hoch.

Doch meine Chefs waren keine großen Innovatoren – alle meine Vorschläge zur Entwicklung neuer Geschäftsbereiche oder zur Neukundengewinnung wurden mit dem Satz abgewürgt: „Mach dir mal nicht meinen Kopf…"

Nach fünf Jahren hatte ich die Nase voll. Ich kündigte meinen Job und besuchte einen Existenzgründerkurs – innerhalb von drei Monaten machte ich mich selbstständig. Meine erste eigene Firma nannte ich „cartogis – einfach schöne Landkarten": „Carto-" steht für Kartographie und „-gis" für Geographische Informationssysteme.

Ich zeichnete am Computer mit Grafiksoftware individuell gestaltete Landkarten für den B2B-Bereich, also für Werbeagenturen und Marketingabteilungen großer und mittelständischer Unternehmen. Ich verkaufte Geodaten an namhafte Kunden in ganz Europa. Ich hatte mal viele und mal wenige Mitarbeiter/innen, hatte richtig viel zu tun und erlebte ebenso Flauten, hatte gute und weniger gute Jahre. Heute gibt es dafür den Fachausdruck „volatil". Für mich war es einfach eine ewige Achterbahnfahrt …

Auch Unternehmerin sein lässt sich lernen

Als ich startete, hatte ich keinen einzigen Kunden und keinen Auftrag. Ich saß an meinem Schreibtisch zur Untermiete in einer Bürogemeinschaft und legte einfach los.

Mein erster Kunde wurde mir von einer Bekannten empfohlen: ein Investor wollte einen Vergnügungspark bauen und brauchte hierfür einen repräsentativ gestalteten Plan. Ich freute mich wie eine Schneekönigin über meinen ersten 2000-DM-Auftrag, zeichnete die Karte in mehreren Versionen, finanzierte die DIN-A3-Farbkopien vor und übergab dem Investor voller Stolz die Pläne.

Das war das letzte Mal, dass ich ihn gesehen habe. Die Rechnung hat er nie bezahlt. Später erfuhr ich, dass er einer der „Glücksritter" in den neuen Bundesländern war, mit mehrfachem Konkurs.

Autsch. Auch in den nächsten neunzehn Jahren habe ich mit cartogis einige Fehler gemacht. Glücklicherweise wurden sie mit den Jahren immer billiger.

Ich habe viel ausprobiert: Ich ließ mich von fremden Zielen verführen („Ich will deutsche Marktführerin werden"), rannte voller Elan in Sackgassen, ging direkt „über Los" und fiel hin. Ich stand wieder auf – und erreichte glücklich das eine oder andere meiner Ziele.

1998 entwickelte ich einen neuen Geschäftsbereich: das Geomarketing. Hier kann man auf Landkarten, die mit Datenbanken verbunden werden, Bereiche identifizieren, wo potenzielle Kunden wohnen. Heute ist das ein alter Hut, damals war es sensationell. Ich ging in Vorleistung, stellte Mitarbeiter ein, am Schluss waren wir zu zehnt, nahm ein Darlehen auf, entwickelte Prototypen, ging auf Messen und hatte feste Auftragszusagen über 500 000 DM von namhaften deutschen Mittelständlern. „Alles läuft super", dachte ich.

Anfang 2000 traf mich eine unvorhersehbare Gesetzesänderung. Die rot-grüne Koalition beschloss ihre Steuerreform: Gewinne aus dem Verkauf von Firmenbeteiligungen waren ab sofort steuerfrei.

Ab dem Moment waren meine Kunden, mittelständische Unternehmen, nur noch mit ihrer Fusionierung und Umstrukturierung beschäftigt. Auf meine Nachfragen wegen des Auftrags erhielt ich freundliche Rückmeldungen: „Wir machen das mit Ihnen zusammen und zwar nur mit Ihnen, weil Sie uns überzeugt haben – aber: Wir machen es nicht jetzt …"

Es begann das Zähneklappern. Meine Ausgaben waren exorbitant gewachsen, die Reserven erschöpft, die Einnahmen zu gering. Ich setzte mich mit einer Freundin hin und wir rechneten alles zusammen. Danach war klar: Ich kann mich nur retten, indem ich alles radikal herunterfahre. Eine Woche zog ich mich zurück und fuhr zu Freunden aufs Land, um einen freien Kopf zu bekommen, heulte Rotz und Wasser. Dann nahm ich all meinen Mut zusammen, um meine hochfliegenden Pläne loszulassen.

Unter Tränen verkündete ich meinen Mitarbeitern, dass ich sie kündigen muss, ich zog aus meinem lichtdurchfluteten 150-Quadratmeter-Dachgeschossbüro in ein winziges dunkles Erdgeschossbüro im zweiten Hinterhof. Alle Akten packte ich selber ein. Nur meine Auszubildende nahm ich mit. Und einen Sack voller Schulden.

In all den Jahren habe ich ein Prinzip immer durchgehalten: Ich bin eine ehrbare Kauffrau. Auch wenn das heute altmodisch klingen mag – ich habe meine Rechnungen immer be-

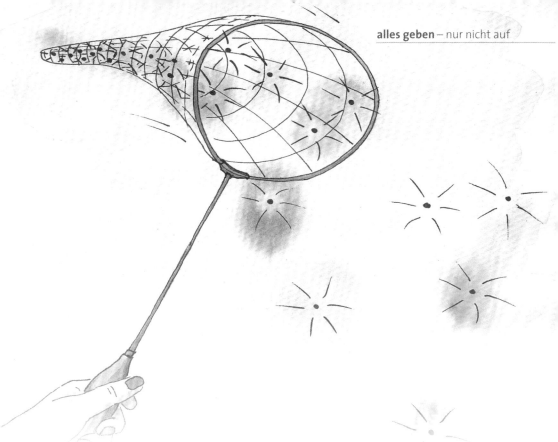

zahlt, auch wenn das Konto mal leer war. Mit dem Vermieter, dem Finanzamt, den Krankenkassen, mit allen Gläubigern habe ich persönlich gesprochen und Ratenzahlungsvereinbarungen getroffen. Das war kein Vergnügen!

Nach dem erzwungenen Umzug stellte ich meine Firma neu auf: weg mit allem, was nicht unmittelbar funktionierte, Fokussierung auf die Kernkompetenzen, das Landkarten-Zeichnen. In den nächsten zwei Jahren zahlte ich alle Schulden ab. Die Firma wuchs, bald hatte ich wieder drei MitarbeiterInnen und Praktikanten. Schon früh hatte ich meine erste Webseite. Lange bevor es den Begriff Suchmaschinenoptimierung gab, setzte ich mich hin und tüftelte wochenlang daran, welche Suchbegriffe unsere Kunden eingeben würden, um das zu finden, was wir anbieten. Mit durchschlagendem Erfolg!

Eine meiner Kundinnen sagte einmal leicht genervt zu mir: „Egal was ich im Netz zum Thema Landkarten suche, ich lande immer bei Ihnen!" – Jawohl!

Ich tüftelte an Produktideen, startete erfolgreich unsere eigenen Onlineshop für den Sofortdownload von Landkartenvorlagen als digitale Dateien, lange bevor es „content download" überhaupt gab.

Ich hinterfragte die in der Branche üblichen Lizenzbedingungen und stimmte sie darauf ab, was meine Kunden brauchten. Ich schaffte es, das Finanzamt zu überzeugen, dass wir einen Teil unserer digitalen Landkarten zum ermäßigten Steuersatz von 7% anbieten durften.

Wir freuten uns über jeden neuen, kleinen oder großen Kunden, unsere Kundenliste war das ‚Who is Who' der deutschen Wirtschaft. Zusammen mit meinen MitarbeiterInnen wuppten wir die tollsten Projekte. Erstaunlich, trotzdem habe ich immer mal wieder an meinem Erfolg gezweifelt.

Wie definiert sich Erfolg?

Ich arbeite in einer männerdominierten Branche. Alle diese Männer definierten damals Erfolg ausnahmslos mit „viel, sehr viel Geld verdienen".

Meine Definition war eine andere: Ja, ich will und muss Geld verdienen, damit sich das Ganze rechnet, damit ich mein Personal und mich bezahlen und investieren kann. Genauso wichtig war und ist mir das persönliche Wachstum meiner Mitarbeiter, ihre Potenziale zu entdecken und ihnen Raum zur Entwicklung zu geben. Ich liebte die Herausforderung, einen Auftrag zu übernehmen, von dem alle sagten: „Das geht nicht", und ihn erfolgreich umzusetzen. Ich wollte Spaß haben an meiner Arbeit, Dinge schön machen, Unmögliches austüfteln, neue Wege erforschen, permanent weiterlernen.

In meiner Branche war und bin ich die einzige Frau, die ein Geodaten-Unternehmen führt. Als einzige Firma in meinem Marktsegment musste ich weder Unternehmensanteile verkaufen, noch wurde ich von einem größeren Unternehmen geschluckt. Ich bin sehr erfolgreich.

„Kill Your Darlings"

19 Jahre sind eine lange Zeit, in meiner Branche ist das eine Ewigkeit. Die Geodatenbranche hat sich in den letzten Jahren extrem verändert. Dank globaler Anbieter wie Google Maps sind Landkarten jederzeit verfügbar – und zugleich kostenlos (wir zahlen ja „nur" mit unseren Daten…). Die Bereitschaft, für qualitativ hochwertige Landkarten den entsprechenden Wert zu bezahlen, ist stark rückläufig. Gleichzeitig ist Kartographie kein Handwerk und keine Kunst mehr, sondern reine Programmierung.

Ich hätte mit cartogis weiterhin viel Geld verdienen können, wenn ich künftig keine Karten mehr gezeichnet, sondern Internetanwendungen programmiert hätte. Darauf hatte ich aber keine Lust. Ich will mit Menschen arbeiten, nicht mit Maschinen.

Also musste ich mich von meiner Lieblingsidee, den schönen Landkarten, ganz langsam, Schritt für Schritt, verabschieden. Ich arbeite heute noch für ausgewählte Kunden und lasse die alte Firma nebenherlaufen. Aus meinem Beruf ist ein bezahltes Hobby geworden.

> *Ich will mit Menschen arbeiten, nicht mit Maschinen.*

Gleichzeitig habe ich aus meiner Leidenschaft ein zweites Unternehmen gegründet: „Die Ideenretterin".

Ich bin die Reiseleitung für Unternehmerinnen und Unternehmer auf ihrer Abenteuerreise der Innovation. Ich zeige, wie man im Team aus guten Ideen bessere Ideen macht. Ich suche Unterstützer im Unternehmen, die dabei helfen, Ideen umzusetzen, und begleite sie dabei, dranzubleiben. Dabei hilft mir alles, was ich gelernt habe in all den Jahren, meine geballte Erfahrung aus meiner eigenen neunzehnjährigen Entwicklung von Innovationen. Ich nutze das, was sich bewährt hat und funktioniert, und kombiniere es mit wirksamen zeitgemäßen Methoden und Werkzeugen. Ich habe nicht auf alles eine Antwort. Aber vielleicht stelle ich die richtigen Fragen.

Und weil Schule für mich persönlich so furchtbar war, entwickle ich gerade ein Geschäftsmodell zum Ideenretten an Schulen. An einer Berliner Gesamtschule mache ich mit meinen Innovationsworkshops jungen Menschen Mut, ihre selbsterlernte Hilflosigkeit zu
überwinden und sich und ihre Idee für ein Produkt oder eine spätere Selbstständigkeit
ernst zu nehmen.

Ich bin sehr dankbar für alles, was mir begegnet ist, was ich lernen durfte. Und ich bin
froh, dass meine Flamme der Begeisterung immer noch und immer wieder brennt. Denn
das ist es, was ich richtig gut kann: Menschen zu begeistern.

Was würde ich heute anders machen?

Wir müssen nicht „zur Unternehmerin geboren" sein. Wir können uns sehr viel selbst an-
eignen. Aber wir müssen auch nicht alles alleine können und wissen.

Heute würde ich es mir etwas leichter machen – ich würde mich mit jemandem zusam-
mentun, der mein Gegenpart ist, der meine Schwächen ausgleicht und mit dem ich meine
Stärken voll ausleben kann. Bei erfolgreichen Unternehmerteams ergänzen sich Expertise
und Kompetenzen.

Und ich würde mir von Anfang an eine Mentorin oder einen Mentor suchen, den ich Löcher in den Bauch fragen kann. Mein Stolz oder meine Angst zu fragen standen mir oft im
Weg.

Manche meiner Niederlagen waren hausgemacht, das eine oder andere habe ich ganz
persönlich vermasselt. Oft habe ich mich mehr von meinem kreativen Überschwang leiten lassen als von meiner Strategie. Aber, und das habe ich auch begriffen und mit mir
selbst Frieden geschlossen: Ich bin nicht für alles verantwortlich. Manche Dinge, wie eine
Gesetzesänderung oder eine disruptive Marktveränderung, können wir nicht vorausse-
hen.

Mir wird das Thema „Scheitern" heutzutage zu sehr romantisiert. Speziell in Berliner Start-
up-Kreisen wird einmal, zweimal, dreimal Scheitern geradezu zu einem Erfolgsgaranten
hochstilisiert. Für manche heißt Scheitern aber auch, hinzufallen und nicht wieder aufstehen zu können. Manch unternehmerisches Scheitern lässt sich heutzutage mit den richtigen Methoden wie Entrepreneurship oder der kundenzentrierten Produktentwicklung
verhindern; lässt sich vermeiden, indem man selbstkritisch seine eigenen Grenzen er-
kennt.

Ich finde stattdessen, wir alle sollten lernen, Fehler machen zu dürfen. Wenn wir etwas
Neues beginnen, wissen wir nicht, wie es ausgeht. Erfahrung entsteht aus dem Lernen
aus Fehlern. In meinen Innovationsworkshops wird jeder Fehler belohnt, um dem Fehler-
monster seine Macht zu nehmen.

Heute feiere ich jeden Erfolg. Das musste ich erst mühsam lernen: Früher habe ich das
Erreichen eines Zieles „zur Kenntnis genommen", bin sofort weitergerannt zur nächsten
Herausforderung.

Ich vergleiche mich nicht mit anderen, ich gehe meinen ganz eigenen Weg. Das macht
mich glücklich.

Alles ist gut, so wie es ist. Ich bin ein glücklicher Mensch.

Sabine Stengel

Dr. Sandra Stolz

- Zahnärztin

- Mein Claim: „Lächeln verbindet Menschen"

- 200 Quadratmeter große Zahnarztpraxis, sechs Mitarbeiterinnen mit unterschiedlicher Stundenzahl und eine externe Abrechnungs- helferin.

- 2013 Praxiseröffnung in Langenfeld-Richrath/Rheinland

- 2003 Gesellenprüfung zur Zahntechnikerin

- 2008 Approbation zur Zahnärztin

- 2011 Promotion zum Dr. med. dent.

- Weiterbildungen in unterschiedlichen Bereichen der Zahnmedizin mit verschieden Curriculi

- Alter: 34 Jahre

- praxis-dr-stolz.de

Das (Traum-)Ziel erreicht, und in der Realität angekommen!

Den Berufswunsch, Zahnärztin zu werden, hatte ich bereits in meiner Kindheit. Ich wollte anderen Menschen helfen, wieder lachen zu können. Dass diese Berufswahl die Selbstständigkeit nach sich zieht, war für mich zu diesem Zeitpunkt nicht selbstverständlich. Der Gedanke wuchs schon in der Studienzeit, und mein Entschluss zur Selbstständigkeit fiel während meiner kurzen Zeit als angestellte Assistenz-Zahnärztin: Hier sah und erlebte ich Missstände, mit denen ich nicht umgehen konnte. Ich wollte als Zahnärztin anders sein, andere Wege gehen. Nach einem Fahrradunfall war ich vier Wochen zu Hause, hatte viel Zeit zum Nachdenken und um Pläne zu schmieden. Und da fiel der finale Entschluss: Ich mache es, aber alleine!

Die Idee war geboren; jetzt ging es an die Umsetzung

In der Zeit als angestellte Zahnärztin las ich viele schlaue Bücher zum Thema Selbstständigkeit: Spezialist oder Generalist, Steuerzahlen und BWA verstehen, was ist der Cash-flow einer Praxis, Markenbildung, wie werde ich zur Marke – und vieles mehr. In den Büchern fand ich zahlreiche nützliche Ansätze und Ideen. Ich fing an, mir meine Praxis vorzustellen. Wie soll sie sein? Was möchte ich meinen Patienten bieten? Wie möchte ich als Zahnärztin mit meinem Team auftreten? Wie sollen die Farben der Corporate Identity und das Design sein? Ich hatte mein kleines schwarzes Ideenbuch, darin notierte ich mir alle Ideen, spontanen Überlegungen und Anregungen. Auch heute blättere ich noch schmunzelnd darin und suche weitere Inspirationen. Doch nur Ideen zu haben reicht nicht aus. Sie müssen in die Tat umgesetzt werden. Ich brauchte eine geeignete Räumlichkeit für meine Idee der eigenen Zahnarztpraxis, aber wo? Wo soll meine Praxis entstehen? Köln, wo ich wohne und studiert habe, kam für mich nicht in Frage: zu viele Zahnärzte. Wie sollte ich gegen etablierte Praxen bestehen? Ich dachte an Langenfeld, eine schöne mittelgroße Stadt, hier hatte ich meine Zahntechnikerausbildung gemacht, ich kannte ein paar Zahnärzte und ihre Praxen, hier lebten meine Eltern und meine Oma, also Unterstützung ums Eck, vielleicht käme ja doch noch eine eigene Familie ... Die Zahlen der kassenzahnärztlichen Vereinigung sahen auch vielversprechend aus: zahnärztliche Unterversorgung der Langenfelder. Die Standortwahl war getroffen!

Die optimale Immobilie war jedoch nicht leicht zu finden. Ich besichtigte zahlreiche Objekte und zog sogar mögliche Übernahmen von Bestandspraxen in Erwägung, doch es war nichts dabei, was meiner Idee von meiner Zahnarztpraxis nahekam. Mein Niederlassungsberater kam auf die Idee einer ebenerdigen, barrierefreien Praxis. Als wir von einer Immobilienbesichtigung kamen, zeigte er im Vorbeigehen beiläufig auf die Schleckerfiliale in Langenfeld/Richrath: „So was wäre doch perfekt für dich", sagte er zu mir. Er hatte recht: etwa 200 Quadratmeter Fläche, die optimale Größe für meine Vorstellungen, ebenerdig und

Auch wenn es schwierig wird – verliere niemals das Ziel aus den Augen!

barrierefrei, Parkplätze vor der Tür und eine Menge Fensterfläche für Eigenwerbung in Augenhöhe. Tolle Idee! Ich war begeistert – nur wie sollte ich an solche Räumlichkeiten kommen?

2012 gab der Schleckerkonzern seine Insolvenz bekannt. Zu meinem Glück, muss ich unverschämterweise gestehen, war ich zur rechten Zeit am rechten Ort und konnte den Vermieter von mir und meiner Idee begeistern. Jetzt hatte ich meine Idee für den Namen meiner Praxis: „lächeln verbindet menschen".

Ich hatte nun Räumlichkeiten, aber woher kam das Geld für die Zahnarztpraxis Dr. Sandra Stolz? Was würde überhaupt die Umsetzung meiner Ideen kosten? Ich hatte 200 Quadratmeter freie Fläche zum Umbau in eine Zahnarztpraxis vor mir – sogar eine Kegelbahn hätte dort hineingepasst. Woher sollten das Inven-

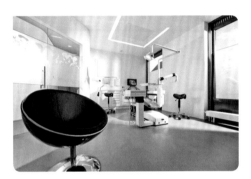

tar und die Geräte kommen? Was würde mich das alles kosten? Wer würde mir am Stuhl helfen? Woher bekäme ich interessiertes und motiviertes Personal? Wie sollte ich auf mich aufmerksam machen? Wie könnten mich meine neuen Patienten finden? Immer mehr Fragen kamen, und auch die bunteste Excel-Tabelle brachte keine Ordnung in mein Gedankenchaos. Was mir jetzt fehlte, waren Kostenvoranschläge! Ich brauchte Zahlen für meine Planung. Ich holte also Kostenvoranschläge ein für den kompletten Innenausbau, die Geräte, das Material, das Design, die Corporate Identity und so weiter. Nachdem alle Angebote vorlagen, mein Finanzberater einen umfangreichen Businessplan erstellt und wir somit mein Praxiskonzept fixiert hatten, ging alles an die Banken. Jetzt hieß es warten: Welche Bank würde von meinem Konzept und dem Businessplan so überzeugt sein, dass sie das Risiko mit mir eingehen wollte?

Eine Bank war begeistert von mir und meinem Konzept, ich bekam die Zusage des Kredits und konnte loslegen. Alles stand in den Startlöchern und wartete auf mein Signal. Die Zahnarztpraxis von Dr. Sandra Stolz konnte entstehen.

Ich entschloss mich, für den Innenausbau und die komplette Koordination ein junges, innovatives Architekturbüro aus Köln zu beauftragen. Die Kosten für die Architekten waren zwar nicht unerheblich, aber die ganze Koordination lag somit nicht mehr in meiner Hand. Davon erhoffte ich mir eine deutliche Arbeitserleichterung und mehr Zeit für die anderen Teile meines Praxisprojekts. Trotzdem war ich täglich auf der Baustelle in meiner Praxis, um nichts zu verpassen und alles fotodokumentarisch zu fixieren. Gut so, denn einige Katastrophen konnte ich so im Vorfeld eliminieren.

Mein Traum von meiner eigenen Praxis war: Es ist alles fix und fertig, ich bekomme den Schlüssel in die Hand, schließe auf und alles läuft. Wie bei einem Fertighaus. Aber die Realität sah anders aus, denn nichts war und ist fix und fertig. Die Einrichtung, das richtige Personal finden und immer wieder neu motivieren, die interessierten Patienten binden, die Praxis und mich selbst weiterentwickeln. Das tägliche Praxisleben bietet bis heute immer neue Aufgaben, und das wird auch meine Zukunft weiter bestimmen.

Die Eröffnungsfeier mit Eventcharakter war ein voller Erfolg. Die ersten Patiententermine wurden vereinbart. Alle waren neugierig, das ist der Vorteil vom „Dorf", viele wollten mich einfach nur kennenlernen. Einige blieben und empfahlen uns weiter, andere gingen wieder. Jetzt heißt es, interessant für alle Interessierten, Motivierten zu bleiben.

Wie funktioniert die Rolle der Chefin?

Der Praxisstart war ein voller Erfolg, und dieser Erfolg hält bis heute an. Die Dinge des Praxisalltags fordern viel Einsatz von mir als Dr. Sandra Stolz, körper-

lich wie geistig. Keiner zeigt dir vorher, wie du in der Rolle als Chefin sein sollst. Und wie gehst du mit Kritik und Unzufriedenheit von Patienten um? So viele neue Aufgaben neben meinem erlernten Beruf als Zahnärztin muss ich jetzt managen. Chefin sein, Unternehmerin, Personalleitung, Controlling, Marketing, Visionärin. Und am Ende stehe ICH!

Das Fazit

Oft stelle ich mir die immer wiederkehrenden Sinnfragen: „War die Entscheidung zur Selbstständigkeit wirklich die richtige?" „Schaffe ich es, den immer größer werdenden Anforderungen der Patienten und meiner Mitarbeiter gerecht zu werden?" „Wie werde ich mein Leben weiter gestalten, ich möchte gerne eine Familie gründen, passt das in die Selbstständigkeit?"

Ich muss lernen, mich zurückzulehnen und reflektieren zu können. Ich habe etwas erreicht, was ich im Angestelltenverhältnis nicht hätte erreichen können, dort wäre ich unerfüllt geblieben. Meine Patienten lieben mein Team und mich. Ich werde gedrückt und weiterempfohlen von Angstpatienten, die sich wohl bei mir fühlen. Ich liebe die Herausforderungen und die Möglichkeiten, mich zu entwickeln. Ich habe mir mit der Selbstständigkeit neben einer enormen Menge an Verpflichtungen, Verantwortungen und Risiken auch viele Freiheiten erkauft.

Zurückblickend kann ich nur sagen: Ich würde es wieder wagen. In der Gegenwart sind es die täglichen Aufgaben, die den Tag spannend machen. Und in die Zukunft schauend: Ich schaffe das, so wie ich es auch bis hierher geschafft habe. Wie? Das bleibt offen und entwickelt sich aus den täglichen Entscheidungen.

Dr. Sandra Stolz

Ute Straub Verwaltungsdienstleistungen

- Gegründet 1997, hauptberuflich ab 2006: Betriebswirtschaft, Steuern, Gründerberatung

- Zwei Mitarbeiter

- www.ute-straub.de

IMP Institut für Mut und Persönlichkeit

- Gründung 2013

- Ermutigungspädagogik, Seminare, Training & Beratung in der Wirtschaft,

- www.imp-straub.de

- 24 Jahre alleinerziehend, drei erwachsene Kinder sowie eine Schwiegertochter und eine Enkelin

- Geschäftssitz: Künzell / Fulda

- Alter: 56 Jahre

Ute Straub

Mut für neue Wege

Das Jahr 2011 war ein wichtiges Jahr für mich: Mein Unternehmen leitete ich damals bereits 14 Jahre, angefangen hatte ich mal mit kaufmännischen Schreibarbeiten und Serienbriefen, dazu kam das Buchen laufender Geschäftsvorfälle und die Personalverwaltung für meine Kunden. Mittlerweile ermöglichten das spezielle Softwaremodule und die Computertechnik. Ich bildete mich nebenbei in zahlreichen Kursen weiter und las viel Fachliteratur. Mit einer befreundeten Kollegin diskutierte ich fachlich für Problemlösungen. Ich begleitete Gründer, erstellte für sie Businesspläne und unterrichtete Buchführung. Fachliche Fragestellungen löste ich gerne und erwarb mir Anerkennung und Wertschätzung bei meinen Kunden.

Wenn ich zurückschaue: So lebte ich damals privat seit meiner Trennung 1988 in Trossingen in Württemberg, die Kinder waren ein halbes Jahr, sechs und acht Jahre alt und ich war alleinerziehend. Es folgte eine finanziell schwierige Zeit mit Sozialhilfebezug. Trotzdem hatten wir eine gute Zeit und waren oft gemeinsam unterwegs und auf Reisen. Ich fand dann auch meinen beruflichen Wiedereinstieg mit einer Teilzeitstelle.

Kurz danach passierten familiär schwierige Dinge, stellten vieles auf den Kopf und veranlassten mich, mit der Tochter weiter wegzuziehen und für uns ein neues Leben aufzubauen – zum zweiten Mal. Die Trennung von meinen Söhnen Richard und Volker fiel mir unsagbar schwer und zerriss mich förmlich. 300 Kilometer Entfernung bedeuteten, dass wir uns kaum sehen würden. Das Bestreben, nach vorne zu schauen, für jeden neuen Tag die erforderlichen Schritte weiterzugehen und das Gute wieder ins Leben hineinzuholen, hielt mich aufrecht. Ich lernte neu, kleine Glückserlebnisse aufmerksam wahrzunehmen und neue Ziele in meinem Leben anzugehen. Es fand sich in Fulda eine neue Arbeitsstelle, mittlerweile ging meine Tochter Berit in die zweite Klasse. Dennoch war ich mit meinem Kind wieder auf mich allein gestellt. Wir wurden ein super Team, stellten uns täglich den Aufgaben des Lebens und machten das Beste aus jedem Tag.

Neben dem Teilzeitjob suchte ich einen Nebenjob, um die Finanzen zu stabilisieren, denn ich hatte keine Rücklagen. Ich recherchierte nach Möglichkeiten, fand jedoch nichts wirklich Sinnvolles. Vielleicht ist an diesem Punkt das „Unternehmerblut" erwacht – denn mein Vater hatte in meiner frühen Kindheit ein Maschinenbau-Unternehmen gegründet und später zu einem international agierenden Business mit 25 Mitarbeitern geführt. Also suchte ich mir Büroarbeiten, die man

extern bearbeiten konnte, und gründete damit 1997 mein eigenes kleines Unternehmen im Nebenerwerb. Drei Jahre arbeitete ich allein, dann stellte ich eine Aushilfe ein, eine Zeit später eine zweite. Unsere Zweieinhalb-Zimmer-Wohnung, die ich mit Berit bewohnte, war damit längst zu klein geworden. Berit besuchte mittlerweile das Mädchen-Gymnasium der Marienschule.

Wissensdurstig war ich schon lange, und seit ich erwachsen war, lebte ich dieses Bedürfnis immer wieder mit Freude aus. Diesmal führte es mich zu einem kurzen Fernstudium in Wirtschaftswissenschaften, zwei Semester waren eine überschaubare Zeit. Begeistert belegte ich diesen Studiengang, lernte jede Woche zu Hause, besuchte die Präsenzveranstaltungen in Nordrhein-Westfalen und erledigte die Aufgaben für die Kontrollarbeiten. Gleichzeitig veränderte sich die Situation an meiner Teilzeitstelle und stellte mich vor die Entscheidung, hauptberuflich durchzustarten mit der Selbstständigkeit oder mir eine andere Stelle zu suchen – eine Entscheidung, die mir gar nicht schmecken wollte. Die vermeintliche Sicherheit des Arbeitsvertrages aufgeben und sich zu 100 Prozent in das Auf und Nieder der Unternehmertums stürzen – das verursachte ein Wechselbad der Gefühle und Gedanken. Ich hatte als Kind den Verzicht und die Sorgen erlebt, die das Unternehmertum für die betroffene Familie oft bedeutete. In meinem Angestelltenjob hatte ich fünf Millionen D-Mark jährlich zu verwalten und ich konnte mit all der Verantwortung und dem fachlichen Arbeitsbereich sehr gut umgehen. Dennoch bereitete mir die künftig fehlende sichere Gehaltszahlung Sorgen. Nach allem Rechnen, um nicht auf Träumerei und Illusionen hereinzufallen, blieb immer ein Risiko übrig, und das war nicht klein. Mein Fernstudium mit allen Lernaufgaben hatte ich neben dem Job bis zum Ende geschafft, nur hatte ich ohne Abschlussprüfung das Zertifikat leider nicht erhalten.

Letztlich siegte das Bedürfnis nach Eigenständigkeit und dem Wunsch, über meine Tage allein verfügen zu können. In dieser Zeit erkannte ich wichtige Fähigkeiten, die mein Vater hatte – er besaß eine gewisse Risikofreude und gleichzeitig ein kreatives Lösungsdenken. So entschied ich mich für die Selbstständigkeit und startete hauptberuflich durch. Gleichzeitig suchte ich mir eine Hausbank und bemühte mich um ein Gründungsdarlehen, was mir auch problemlos bewilligt wurde. Nur so konnte ich meine Mitarbeiter bezahlen, die ich langfristig unbedingt halten wollte. „Wenn Frauen mittleren Alters Unternehmen gründen, dann tun sie das gut überlegt!", so die Aussage der Bank.

Kurze Zeit darauf zogen wir aus der kleinen Wohnung in ein sonniges Haus um. Nun fanden wir genug Platz, um Wohnen und Arbeiten unter einem Dach unterzubringen. So konnte ich nah bei Berit sein und dennoch einen vollen Job in meinem Büro schaffen. Bald hatte ich so viel zu tun, dass ich eine dritte Mitarbeiterin brauchte. Inzwischen arbeitete ich mit meinem Büro auch in freier Mitarbeit für Steuerberater und Rechtsanwälte. Ergänzend gründete ich eine Beratungsstelle eines Lohnsteuerhilfevereins für die Beratung von Arbeitnehmern.

Doch Mitarbeiter mit guter Ausbildung zu finden, war fast unmöglich. Gleichzeitig wuchs der Druck wegen fristgebundener Arbeiten und geringerer Flexibilität der Finanzbehörden. Der Absatzmarkt war für freiberufliche Buchhaltungsarbeiten schwierig geworden, die lokalen Kunden suchten in erster Linie Niedrigpreise und übersahen die Qualität der Arbeit. Meine Tochter war inzwischen im fortgeschrittenen Studium, und ich dachte oft über meine eigene Zukunft nach, über meinen beruflichen Traum, mit Menschen und insbesondere mit Führungskräften in der Wirtschaft zu arbeiten. 2011 suchte ich das Adler-Dreikurs-Institut auf und wollte lediglich einen ermutigenden Vortrag hören. Doch ich erlebte stattdessen viel mehr: Die Ausbildung zur Individualpsychologischen Beraterin und zur Ermutigungs-Trainerin wurde vorgestellt. Dieses Lebensverständnis interessierte mich schon lange und beschäftigte mich nun neu. Worauf wollte ich warten, um endlich meinen beruflichen Traum zu verwirklichen? Lange schon hatte ich an eine Ausbildung im Coaching gedacht, doch jedes Mal erschien sie mir unerschwinglich. Ich überlegte erneut, rechnete mir alles durch und hatte für die Entscheidung zwei Monate Zeit.

Ich besprach mich mit Berit, die zu dieser Zeit in Fulda studierte. Wir lebten ja schließlich vom selben finanziellen Budget. Mein Studium an der privaten Akademie musste ich selbst finanzieren. Zu meiner großen Freude unterstützte Berit mein Vorhaben, und ich meldete mich an. Fünf Semester hatte ich vor mir, die mir ein neues Selbstverständnis, neue Sichtweisen und Hilfestellungen für den Alltag brachten. Ich lernte viel, gewann eine neue Sicht auf Zusammenhänge und wie man den Umgang mit sich selbst und anderen Menschen positiver und wertschätzender gestalten kann.

Schon während meines Studiums organisierte ich Übungsgruppen und hielt Vorträge und Seminare. Ich war am Start mit meinen neuen Tätigkeiten in der Ermutigungspädagogik. Die Arbeit mit den Menschen machte mir große Freude. Ich hatte das Gefühl, endlich in MEINEM Beruf angekommen zu sein.

In dieser Zeit bekam ich Kontakt zur Käte-Ahlmann-Stiftung und dem TWIN Mentoring-Projekt, für das ich mich sofort meldete. In Ulla Mohr-Mennigmann bekam ich eine Mentorin, die mir Lernfelder spiegelte und Richtungen aufzeigte, die sich

mit meinen Entwicklungen sehr gut ergänzten. Diese Unternehmerin war und ist mir ein Beispiel, dass eine berufliche Richtungsänderung möglich und erfolgreich ist.

Fazit

Heute würde ich früher und vor allem viel konkreter meinen eigenen beruflichen Sehnsüchten nachgehen, eindeutiger meine Ziele verfolgen. Das Selbstbewusstsein, als Frau meinen Vorstellungen fürs Leben nachzugehen, zeige ich heute besser. Was in mir steckt, lebe ich eindeutiger. Seit einiger Zeit gebe ich klar die berufliche Richtung vor und erlaube mir Auszeiten. Was mein Leben geprägt hat, das ist: niemals aufzugeben und immer für morgen den nächsten Schritt zu gehen. In der Familienphase war zum Beispiel meine Priorität, trotz Scheidung meinen drei Kindern den bestmöglichen Start für ihr eigenes Leben zu ermöglichen. Ich bin zutiefst dankbar – es ist gelungen!

Ute Straub

- IT-Service Ruhr –
  Wir schaffen für Sie Freiräume

- Drei Mitarbeiter

- Gegründet 1996

- Davor freiberufliche EDV-Dozentin

- Regelmäßige Erneuerung
  der IT-Zertifikate

- Geschäftssitz: Hattingen an der Ruhr

- Alter: 56 Jahre

- www.it-service-ruhr.de

Christine Trzaska

Sich selbst treu bleiben

Wertschätzung und die Freude am Lernen ziehen sich wie ein roter Faden durch mein Leben und mein Unternehmerinnensein.

Zu Beginn 1989 gab es die Freude am Lernen ebenso wie den Mangel an Wertschätzung. Ich hatte mein ganzes Studium auf eine Uni-Karriere ausgerichtet und den Job als EDV-Dozentin nur angenommen, um mir das Geld für meine Promotion zu verdienen. In der freien Wirtschaft – wo ich es nicht erwartet hatte – lernte ich Wertschätzung im beruflichen Umfeld kennen: anständige Honorare, die pünktlich bezahlt wurden; Vereinbarungen, die eingehalten wurden.

Der Studentenjob entpuppte sich als Berufung und erfolgreiche Unternehmensgründung in einem. Nach knapp zwei Jahren – völlig ohne Akquisition – waren meine Auftragsbücher so voll, dass ich Aufträge ablehnen musste, um meine Promotion abzuschließen. Ich hatte gelernt, dass ich mit meiner Begeisterung für die IT und der Wertschätzung, die ich Menschen entgegenbringe, erfolgreich bin. Meine Art, meinen Beruf auszuüben, sorgte für volle Auftragsbücher. Ich war nicht auf zeitlich befristete Stellen im öffentlichen Dienst angewiesen.

1996 war ich an einem Punkt angelangt, der eine strukturelle Weiterentwicklung forderte. Auf der einen Seite wurden die Honorare von den Weiterbildungsanbietern auf ein Niveau gedrückt, das für mich nicht akzeptabel war, auf der anderen Seite war die Entwicklung der Programme so weit fortgeschritten, dass in Schulungen nur noch ein Bruchteil der nützlichen Programmfeatures vermittelt werden konnte.

Ich beschloss, mich mit meinen Dienstleistungen auf Unternehmenskunden zu fokussieren. Die Anforderungen an das Know-how waren deutlich höher und die Honorare deutlich besser. Der Wechsel aus dem Marktsegment Weiterbildungsanbieter in das Marktsegment Unternehmenskunden dauerte etwa zwei Jahre. Meine neuen Kunden waren von meinen Dienstleistungen so überzeugt, dass sie mir immer mehr und größere Projekte anvertrauten. Für die Abwicklung dieser Projekte mussten Mitarbeiter ins Boot geholt werden. Der Abschied von der selbstständigen EDV-Dozentin war die logische Konsequenz.

Durch die Art und Weise, wie wir unsere Arbeit machten, genossen und genießen wir einen sehr guten Ruf. Wir hatten einen treuen Stamm an Kunden, die uns bei Bedarf immer wieder beauftragt haben, neue Programme von Microsoft in ihren Unternehmen einzuführen. Die Neukundenakquisition lief nebenher, da wir über einen ausreichend großen Kundenstamm verfügten.

Alles lief gut, doch dann kam der Schlaganfall meines Vaters

Ich wähnte mich mit meinem Unternehmen in einer schönen, heilen Welt, in der es keine nennenswerten Probleme gab – bis zu dem Tag, an dem mein Vater einen Schlaganfall erlitt. Von jetzt auf gleich musste ich nicht nur mein Unternehmen leiten, sondern mich auch um meinen pflegebedürftigen Vater kümmern, der zwei Autostunden entfernt wohnte. Diese private Belastung war so groß, dass das Unternehmen nicht mehr in der Lage war, Aufträge in der gewohnten Qualität abzuarbeiten. Für die Neukundenakquisition und die in der IT so wichtige Weiterentwicklung des eigenen Unternehmens fehlte die Kraft. Die Anfrage eines anderen Softwarehauses nach unserem speziellen Know-how kam in dieser Situation wie gerufen. Aus der anfänglichen Zusammenarbeit in einem kleinen Projekt entwickelte sich ein Großprojekt, das über fast zwei Jahre lief. Das Know-how der beiden Firmen ergänzte sich hervorragend, sodass für beide eine Win-win-Situation gegeben war. Die gemeinsamen Geschäfte liefen so gut, dass sogar eine Fusion der beiden Unternehmen vorbereitet wurde. In dieser Phase haben wir 80 Prozent des Umsatzes unmittelbar oder mittelbar aus der Geschäftsbeziehung mit diesem Softwarehaus bezogen.

In den regelmäßigen Meetings, in denen sowohl die Fusion als auch das Tagesgeschäft durchgesprochen wurden, hatte ich jedoch immer wieder ein merkwürdiges Gefühl. Da ich keine Erfahrung mit regelmäßigen Meetings und privat mehr als genug um die Ohren hatte, habe ich dieses Gefühl nicht ernst genommen.

Wenn Vertrauen missbraucht wird

Der große Knall kam, als das andere Softwarehaus nicht mehr verheimlichen konnte, dass es das Prozess-Know-how, das uns unsere Kunden für die Softwareentwicklung anvertraut hatten, missbraucht hat. Unser Geschäftspartner hat dieses Wissen für sich genutzt, um sich als Konkurrent zu unseren Kunden zu etablieren. Dies war die Erklärung für mein komisches Gefühl in den Meetings – es wurde nicht mit offenen Karten gespielt.

Ich stand am Scheideweg: entweder riesige Umsatzeinbrüche bei fast gleichbleibenden Kosten erleben und morgens in den Spiegel schauen können, weil ich meine Kunden nicht betrogen habe. Oder mich und meinen guten Ruf, der auf Wertschätzung gegenüber unseren Kunden und fachlicher Kompetenz begründet ist, zu verraten. Diese Entscheidung musste innerhalb von zwei Tagen getroffen werden – zwei Tage und zwei schlaflose Nächte, in denen ich mich entscheiden musste: Wie soll es mit mir, meinen Mitarbeitern und meinem Unternehmen weitergehen?

Ich habe die Zusammenarbeit beendet. Die angefangenen Projekte sind noch zu Ende gebracht worden. Neue Projekte habe ich abgelehnt – auch wenn ich das Geld gut hätte gebrauchen können.

Konsequenzen

Ich habe mich gefragt: Was macht mich und mein Unternehmen aus? Was macht mich für Kunden attraktiv? Die Antwort: fachliche Kompetenz und wertschätzender Umgang mit meinen Kunden. Ich habe mein Wertesystem schriftlich fixiert, und bei neuen Kooperationspartnern oder Mitarbeitern ist es die Basis für die Zusammenarbeit. Handeln die Menschen gemäß dieses Wertesystems, dann ist eine vertrauensvolle und gewinnbringende Zusammenarbeit die Folge. Ist die Zustimmung zu diesem Wertesystem nur ein Lippenbekenntnis, beende ich die Geschäftsbeziehung.

Den Prozess der Neukundenakquisition habe ich von meiner Person gelöst, sodass auch unter ähnlich hohen Belastungen, wie ich sie damals durch den Schlaganfall meines Vaters erlebt habe, neue Kunden gewonnen werden.

Ich habe viel Zeit und Energie in die Erarbeitung von Strukturen gesteckt, damit mein Unternehmen im operativen Tagesgeschäft handlungs- und lebensfähig bleibt, falls ich selbst einmal ausgebremst sein sollte.

Christine Trzaska

*Vor der Gründung:
Vierfache alleinerziehende
Mutter ohne Geld und Job*

Petra van Laak

- *Agentur Text: van Laak – Unternehmenskommunikation mit Schwerpunkt auf guten Texten*

- *Zwei festangestellte Mitarbeiter, acht Freelancer*

- *Gegründet 2008*

- *Geschäftssitz: Potsdam und Berlin*

- *Alter: 49 Jahre*

- *www.text-vanlaak.de und www.petravanlaak.de*

1 Frau, 4 Kinder, 0 Euro – wie ich es trotzdem geschafft habe.

Mit 0 Euro anfangen

Stellen Sie sich vor, Sie stehen plötzlich mit vier kleinen Kindern alleine da: ohne Mann, ohne Geld, ohne Job, ohne Obdach, ohne Kreditkarte. So ging es mir vor zwölf Jahren, und ich dachte, ich bin im falschen Film. Es war aber alles ganz real, leider. Ich krempelte die Ärmel hoch und sagte mir: nur nicht unterkriegen lassen. Mein Plan: Als Geisteswissenschaftlerin mit ein paar Jahren Berufserfahrung wollte ich mich auf Teilzeitstellen bewerben, um meine süßen vier Kids und mich fortan ohne staatliche Hilfe durchzubringen. Das war zwar gut gedacht, aber wenig realistisch. Mich wollte keiner, und ich kann es sogar nachvollziehen: vier Kinder an der Backe, fünf Jahre aus dem Beruf raus, keine Großeltern in der Nähe, außer schöngeistigem Lektorat keine berufspraktische Erfahrung – nichts ging, da gab es einfach passendere Bewerber und Bewerberinnen. Ich musste mir also etwas anderes einfallen lassen.

Jetzt erst recht!

Allen Widrigkeiten zum Trotz beschloss ich, mich selbstständig zu machen. Ich konnte gut schreiben, also wollte ich mich als Texterin versuchen. Man hielt mich für verrückt, aber mittlerweile weiß ich: Gerade WEIL ich alleinerziehend mit vier Kindern und ohne Kohle dastand, war die Existenzgründung die beste Lösung.

Ich startete bescheiden mit einem Homeoffice, Laptop auf dem Küchentisch, Fax neben dem Kopfkissen und vier lebendigen Kindern, die durch die Wohnung tobten. Ich schrieb und textete wie der Teufel – meine Spezialität war und ist es, sich in den Kunden völlig hineinzuversetzen und mit sicherem Gespür und dem nötigen Fingerspitzengefühl genau die richtige Textkreation zu liefern.

Wenn ich sage, dass in meinem Kopf anfangs ein großes Durcheinander herrschte, ist das noch untertrieben. Ich hatte lauter Einfälle, aber kein echtes Konzept. Wenn ich zurückschaue, habe ich dennoch fast alles richtig gemacht. Heute berate ich Unternehmen zu ihren Außenauftritten, zu einer einheitlichen Corporate Language – aber es fing, na klar, alles klitzeklein an.

Netzwerken ist das A und O

Frisch gegründet als Solo-Selbstständige – und dann ist da dieses Einsamkeitsgefühl. Ich fühlte mich wie ein einzelner Mensch auf einem riesigen leeren Platz, über den der Wind fegt und ein paar welke Blätter vor sich hertreibt. Wo waren die anderen? Wo sollte ich anfangen zu suchen? Und vor allem: Wie sollte ich das Knüpfen von Kontakten beginnen?

Ich beneidete alle Ladenbesitzer um die Möglichkeit, morgens die Tür zu ihrem Geschäft zu öffnen und ein Schild „Yes, we're open" ins Fenster zu hängen.

Ich fragte mich täglich: Wie sollte ich potenzielle Kunden in meinen nur virtuell exis-tenten Laden locken, dessen Dienstleistung nicht anfassbar und zudem erklärungsbe-dürftig war? Da blieb nur eines: das Netzwerken. Ich fing mit lokalen Unternehmerin-nen-Treffen an, online begann ich mit XING und LinkedIn, weiter ging es mit Gruppen, Clubs und Versammlungen. Diese Kommunikationsarbeit hat sich wirklich ausge-zahlt. Ich bin mittlerweile viel als Vortragende unterwegs, zuletzt habe ich ein Im-pulsreferat vor Personalleitern gehalten, in dem es um Verbesserungen an den oft drögen Texten der Stellenanzeigen ging.

Unsere Biographien dürfen im ZickZack laufen

Wie ich lernte, mich gegen schräge Aufträge abzugrenzen

Eine typische Anfänger-Situation: Ich war ein einem für mich großen Auftrag dran, den ich auf jeden Fall mit Bravour vollenden wollte. Dabei bekam ich gar nicht mit, wie sehr ich vom Kunden untergebuttert wurde. Aber ich machte diesen Job noch nicht so lange, ich kannte mich im Agenturalltag noch nicht aus, und als kleine Texterin, die in ihren Anfängen steckte, war wahrscheinlich ich diejenige, die auf der falschen Fahrbahn unterwegs war. So dachte ich, nachdem meine Texte wiederholt kritisiert und schlussendlich abgelehnt worden waren. (Heute sage ich nur: Bauchgefühl! Was sich schräg anfühlt, ist meist auch schräg.)

Natürlich sehe ich heute alles in einem anderen Licht. Ein solch schlechtes Briefing, wie es mir dort zugemutet wurde, würde ich heute niemals akzeptieren. Manche Kunden wollen oder können nicht umfassend und genau ausdrücken, welche Erwartungen sie an die Resultate einer Beauftragung haben. Das gilt nicht nur für Text- oder Designleistungen. Es fällt manchen schwer, das Gewünschte zu vermitteln – oder, noch schlimmer, sie wissen selbst gar nicht, was sie wollen. Hier hilft es, dem Kunden genau zuzuhören und dann das Gesagte mit eigenen Worten zusammenzufassen und es dem Kunden wieder vorzulegen, am besten schriftlich. Kommt daraufhin kein Widerspruch, setze ich voraus, dass ich den Kunden richtig verstanden habe, und fange mit einem Probetext an. Überhaupt, Probetexte! Im Schnellverfahren lässt sich unmissverständlich klären, ob die Tonalität, die Struktur, die Wortwahl im Sinne des Kunden sind. Und alle können rechtzeitig die Handbremse ziehen, wenn es in die falsche Richtung läuft.

Das Briefing für das besagte Projekt war zwar unzureichend, aber ein Profi darf sich argumentativ nicht darauf zurückziehen, wenn es nicht glatt läuft. Erstens hatte ich ein umfangreiches Briefing nicht vehement genug eingefordert, und zweitens war ich selbst nicht optimal vorbereitet gewesen. Ich hatte in einem Produktflyer geblättert, aber mir sonst keine Informationen über den Kunden verschafft. Fehler. Bevor ich heute in ein erstes Meeting gehe, habe ich bereits seit einigen Wochen den Unternehmens-Newsletter abonniert, bin alle paar Tage auf der Homepage, um mir unter der Rubrik „Aktuelles" die Neuigkeiten anzuschauen, habe mir, falls vorhanden, die XING- oder LinkedIn-Profile der wichtigsten Player des Unternehmens angeschaut und die Vor- und Nachnamen sowie die Funktion der am Meeting Beteiligten auswendig gelernt. Um zu wissen, wie das Unternehmen am Markt einzuordnen ist, führe ich eine kleine Recherche durch, wie die Konkurrenz es so macht – außerdem kann nachher im Treffen ein bisschen „Namedropping" nicht schaden. Eine gute Vorbereitung ist die Voraussetzung für das Gelingen eines Projektes.

Hilfe, ich wachse!

Am Anfang war ich dankbar für jeden noch so kleinen Auftrag, und meistens lief alles glatt, sodass ich von den Kunden auch mit weiteren Kleinigkeiten beauftragt wurde. Ich kniete mich immer hinein, als ginge es um einen Millionenjob. Und der Kunde wusste: Auf die ist Verlass, die liefert Qualität, auch bei kleinstem Auftragsvolumen.

Die Aufträge nahmen bald nicht nur zahlenmäßig zu, sondern auch in ihrem Volumen. Manchmal klopfte mir das Herz bis zum Halse, wenn ich meine Woche plante und alle

Aufgaben dort hineinstopfen musste. War ich jetzt auf dem Weg zu expandieren? Sollte ich womöglich Leute einstellen? Oder mehr Freelancer um mich scharen?

Jeder neue Auftrag erfreute und erschreckte mich zugleich. Wenn ich keine Mitarbeiter miteinbeziehen würde, wäre ich bald aufgeschmissen. Noch war mir das Risiko zu groß, jemanden einzustellen. Außerdem waren die besten Leute, die ich aus den Bereichen Grafikdesign, Programmierung und Lektorat kannte, mit Leib und Seele Freelancer. Ich beschloss also, meine Kontakte zu Kollegen zu intensivieren, um zukünftig Projekte in Kooperation zu realisieren. Dieses Verfahren bietet sich vor allem in der Kreativwirtschaft an. Mit zunehmender Routine im eigenen Gewerk lassen sich mit dem Projekt assoziierte Aufgaben gut delegieren.

Mittlerweile habe ich zwei Festangestellte in Teilzeit. Ein zuverlässiges Team an Freelancern hält mir den Rücken frei, und ab und an finden wir alle zusammen und diskutieren neue Projekte. Dieses Arbeiten schätze ich sehr.

Bücher schreiben ist nicht schwer

Ein Journalist im Freundeskreis hörte sich einmal fasziniert meinen Werdegang an und meinte: Schreib das auf. So entstand der Bestseller „1 Frau, 4 Kinder, 0 Euro", erschienen 2012 bei Droemer Knaur in München. Ich fand mich plötzlich als gefragte Interviewpartnerin der Presse und als Talkshowgast unter anderem bei Maischberger, Plasberg und Elstner wieder. Eine tolle Erfahrung war das! Und damit habe ich vielen anderen Menschen, die sich durchbeißen müssen, Mut gemacht.

Viele Leser und Leserinnen fragten mich, wie ich es denn nun genau angestellt hätte mit dem Selbstständigmachen. Ich schrieb ein zweites Buch: „Auf eigenen Beinen", ebenfalls bei Droemer Knaur verlegt. Das ist ein Leitfaden für Leute, die eine Existenz gründen wollen. Seit dem Erscheinen des Buches bekomme ich Fanpost von vielen, die es sich zum Vorbild nehmen für ihre eigenen ersten Schritte. Das ist wunderbar! Wenn das, was ich so durchmachen musste, anderen nun zugutekommt – was gibt es Besseres?!

Was würde ich heute anders machen?

Ich möchte nachträglich nichts an meinem Leben ändern, denn die Summe aller Erfahrungen hat mich zu dem gemacht, was ich heute bin.

Was rate ich den jungen Leuten? Ich engagiere mich ehrenamtlich in der Berufsberatung an den weiterführenden Schulen und bin als Vorbild-Unternehmerin für Nachwuchs-Unternehmerinnen aktiv. Und mein Mantra bei all meinen Vorträgen und

Impulsreferaten lautet: „Macht euch unabhängig! Seht zu, dass ihr euch beruflich auf eigene Füße stellt. Das Modell des Alleinverdieners hat ausgedient – sorgt für euch selbst." Außerdem bin ich der Meinung, dass man nicht immer sofort wissen muss, was zu einem passt, was man will. Lasst die jungen Leute doch mehr ausprobieren! Und wenn sich eine wie ich erst jenseits der 40 selbstständig macht – na und?! Unsere Biographien dürfen ruhig im Zickzack verlaufen, wir dürfen Fehler machen, wir dürfen scheitern, das schadet nicht, im Gegenteil.

Und das rate ich Ihnen

Machen Sie sich immer bewusst, was bei Ihnen auf der Habenseite steht. Das wirkt langfristig wie ein Schutzpanzer, der manche Unbill des Lebens von Ihnen abhalten kann.

Je mehr Eigenständigkeit Sie haben möchten, desto mehr Mut zum Risiko brauchen Sie. Und Sie müssen die Bereitschaft mitbringen, die Folgen zu tragen. Mangelnde Selbsteinschätzung führt zu Leichtsinn – aber die Gefahr ist gering, wenn Sie ein reflektierter Mensch sind.

Fast acht Jahre gibt es jetzt die Agentur „Text: van Laak". Was ist das schon? Ein Wimpernschlag, verglichen mit anderen Unternehmenshistorien. Aber: Mich gibt es immer noch, ich stehe immer noch auf eigenen Beinen, und das ist stets ein Grund zum Feiern, finde ich.

Mittlerweile weiß ich, dass es normal ist, mich als Unternehmerin immer wieder mit existenziellen Fragen zu beschäftigen, sie immer wieder zu wälzen, sie wieder ad acta zu legen, um sie in einer neuen Situation wieder hervorzuholen. Das Leben ist eben nicht planbar und steckt voller Überraschungen. Das gilt erst recht, wenn man selbstständig ist. Und noch viel mehr, wenn man Kinder hat. Beides zusammen ergibt dann manchmal eine Gratwanderung, die eher einem artistischen Drahtseilakt ähnelt. Dennoch: Eine schöne, eine lebendige, eine intensive Wanderung ist das. Ich möchte es gar nicht anders haben.

Petra van Laak

- Personal Training
  von Frau für Frau

- Mit einer Ernährungs-
  umstellung und einem
  effektiven Trainingsprogramm
  das ideale Körpergewicht
  erreichen und halten?
  Das ist möglich!

- Keine Mitarbeiter

- Gegründet 2014

- Davor: Außendienstmitarbeiterin
  in der Sportartikelbranche

- Weiterbildung: Fitnesstrainer,
  Ernährungsberater, Personal
  Trainer

- Geschäftssitz:
  Unterhaching, Bayern

- Alter: 36 Jahre

- frauen-personal-training.de

Simone Vay

Ich träumte von ganz anderen Dingen

Zehn Jahre war ich nun im Außendienst und immer sehr stolz und glücklich darüber, was ich tat. Ich war für eines der führenden Unternehmen in der Branche am Start, ohne dieses Label ging quasi auf den Verkaufsflächen nichts. Wer diese Artikel nicht in seinem Laden hatte, konnte nicht erfolgreich sein! Und ich verkaufte sie erfolgreich! Mein Job war abwechslungsreich und außerdem supergut bezahlt.

Doch zehn Jahre hatten Spuren hinterlassen. Zehn Jahre „brannte" ich für meinen Arbeitgeber und irgendwie war nun das Feuer erloschen. Ich sehnte mich nach Veränderung, nach Selbstverwirklichung mit eigenen Projekten, und ich wusste auch schon ganz genau, was es sein sollte.

Als Personal Trainerin und Ernährungsberaterin speziell für Frauen wollte ich mich selbstständig machen. Meine Erfahrungen über sämtliche Diätfallen und die große Herausforderung zum Thema Sport und Motivation wollte ich an andere Frauen weitergeben...

Ich startete mit Herzblut in mein neues Projekt „Selbstständigkeit" und merkte schnell: Nicht jeder meiner Ansprechpartner brannte für seinen Job so wie ich! In nahezu jeder öffentlichen Einrichtung, die mich zum Thema Existenzgründung hätte beraten können, fand ich überaus unmotivierte Sachbearbeiter vor, die scheinbar eher damit beschäftigt waren, auf ihren Feierabend zu warten, statt mich ausreichend zu beraten. Sie gaben mir Unmengen an Infomaterial an die Hand – damit hatten sie Ihre Arbeit wohl getan und ich sollte nun meine Existenzgründung im Selbststudium meistern!

Es von Anfang an richtig machen

Nun gut, dachte ich, dann muss eben ein Existenzgründungsexperte her. Er sollte mich unterstützen und coachen, mich bei meinen ersten Schritten begleiten – durch den Papierwust des Gründungszuschusses, durch die Bürokratie der Ämter – und mir bei allen anfallenden Fragen mit Rat und Tat zur Seite stehen. Ich wollte es von Anfang an richtig machen!

Das fachliche Wissen für die Ausübung meiner neuen Tätigkeit habe ich mit viel Ehrgeiz und Engagement erworben. Alle notwendigen Prüfungen meisterte ich dazu mit Bravour und, ja, schon fast in wahnsinniger Geschwindigkeit. Ich hatte mein Ziel genau vor Augen – dafür kämpfte ich. Der Existenzgründungsexperte sollte mir quasi nun noch die bürokratische Basis schaffen. Sein Ehrgeiz war leider geringer als meiner, und das Projekt „Gründungszuschuss" scheiterte nach monatelanger Arbeit. Auf meine Emotionen muss ich hier wohl nicht näher eingehen ... Die erste Niederlage ... Hier war sie nun!

Dabei hatte ich mit diesem „Startkapital" fest gerechnet. Es hätte mir einiges erleichtert und mich ein Stück weit unabhängiger gemacht. Ich fühlte mich während der Gründung permanent finanziell abhängig von meinem Mann. Er unterstützte mich, wo er nur konnte und mit aller Kraft, und ich schaffte es nicht einmal, den Gründungszuschuss „einzufahren". Ja, ich gab mir fast für das Scheitern des Existenzgründungsprofis selbst die Schuld. Mir war dieser kleine Schritt „Gründungszuschuss" persönlich sehr wichtig gewesen, und er ging wirklich in die Hose.

Nach diesem Tief und vielen Mut machenden Gesprächen mit meinem Mann ging es schließlich weiter. Hinfallen, aufstehen, Krone richten, weitergehen ...

Ich war nicht genug!

Da ich mich am Anfang der Gründung sehr häufig als nicht „gut genug" ansah, auch eher auf der Verlierer- als auf der Gewinnerseite stehend, vergaß ich oft die positiven Ergebnisse meiner Arbeit. Aber hey, ich hatte bereits erfolgreich eigene Konzepte verkauft – und

das direkt innerhalb der ersten Wochen! Die VHS und ein Sportverein gaben mir die Chance, mich und mein Können unter Beweis zu stellen. Ich freute mich sehr darüber, und endlich kam auch ein wenig Geld in meine kleine Kasse! Kurz darauf konnte ich auch schon meine erste Personal-Training-Kundin akquirieren und ich sah Licht am Ende des Tunnels. Ich war stolz wie Oskar über meine Leistung und glaubte immer mehr daran, dass ich es schaffen werde.

Meine Existenzängste wurden geringer, und das Gefühl, zu unserem Familienleben finanziell nichts mehr beitragen zu können, wurde schwächer. Nur die Sehnsucht nach gesichertem und regelmäßigem Einkommen blieb. Mein Mann versuchte mir immer wieder zu erklären, dass alles seine Zeit brauche und der Erfolg, wenn man wirklich gut sei, sich von ganz alleine einstelle. Das sei wie beim Profifußball (mein Mann ist leidenschaftlicher Fußballer, von daher konnte er keinen treffenderen Vergleich dafür finden).

Das frustriert … Die erste Kundin drückt ständig den Preis

Die Freude über meine erste Kundin schwand jedoch recht bald. Ständig versuchte sie mich im Preis zu drücken, und ich konnte mich nicht durchsetzen. Schließlich konnte ich es mir doch nicht leisten, meine erste Kundin zu verärgern und damit womöglich zu verlieren. Ich arbeitete also für einen miserablen Stundenlohn, was dazu führte, dass die Kunden immer mehr Trainings zum Dumpingpreis bei mir buchte. Ich kam mir ausgebeutet vor. Sie wusste meine Arbeit gar nicht zu schätzen. Irgendwann stand für mich fest: Ich musste mich von ihr trennen. So konnte das nicht weitergehen, und die nächste Niederlage stand quasi wieder ins Haus.

Jung, dynamisch und erfolglos

Als Trainerin nun also ganz ohne Kundin. Na prima, Simone! Ein Motivationstief jagte das nächste, und die Stimmen aus meinem Umfeld machten mir quasi in der Situation noch mehr „Mut":

· „Personal Training nur für Frauen? Wie soll das auch gehen? Das ist doch kein Konzept!"

· „Kind, du hast doch so einen tollen Beruf erlernt. Arbeite doch wieder als Angestellte. Da hast du dein geregeltes Einkommen, Urlaub und feste Arbeitszeiten!" (als hätte ich die jemals gehabt …)

· „Von Personal Trainern und Ernährungsberatern halte ich persönlich ja nichts!"

· „Ich gehe regelmäßig ins Fitness-Studio und esse sehr gesund. Ich weiß, wie es geht, und brauche Ihre Hilfe nicht!"

· „Ich habe schon so vieles ausprobiert – Sie können mir da auch nicht helfen."

Wieso gibt es dann so viele übergewichtige Frauen, wenn alle wissen, wie es geht, und niemand einen Personal Trainer braucht?

Oft frustriert das Selbstständig-Sein …

Das Licht!!!

Doch „Immer wenn man glaubt, es geht nicht mehr, kommt irgendwo ein Lichtlein her …" So ging es mir zumindest im nächsten Moment. Da meine erste Trainings-Location in einem Zumba-Studio so gar nicht für mein Personal Training gemacht war, war ich nebenbei immer wieder auf der Suche nach einem geeigneten Ort für mich und meine Arbeit. Ruhig und sauber sollte es sein und anders als ein Fitness-Studio. Ein Ambiente sollte es haben, das zum Wohlfühlen einlädt. Ich hatte Glück. Ein Anruf, ein persönliches Treffen, und die neue Location war gefunden. Manchmal läuft es halt doch, dachte ich.

Auch hatte ich das „Glück", durch einen tollen Kontakt eine erste Kooperation mit einer Personal-Training-Lounge zu bekommen. Die Ereignisse überschlugen sich, ich arbeitete viel, vergaß mich persönlich oftmals dabei, und mein Privatleben blieb auf der Strecke. Schnell merkte ich, das konnte auf Dauer nicht so weitergehen. Ich zog mich nach einigen Wochen Arbeit, die zudem auch nicht angemessen bezahlt war, aus der Kooperation zurück. Ich hatte permanent das Gefühl, andere wollten sich meine vertrieblichen Kenntnisse und meine jahrelange Erfahrung zunutze machen. Ich hatte fast keine Zeit mehr für mein eigenes Geschäft und steckte viel zu viel Kraft und Kreativität in diese Kooperation. Der Rückzug brachte allerdings nichts Gutes. Es hagelte schlechtes Feedback, und man ging nicht gerade sanft mit mir um. Ein Weg, der sich zunächst als so völlig richtig angefühlt hatte, war nach einiger Zeit in die falsche Richtung gegangen. Aber dafür hatte ich mich selbstständig gemacht: um eigene Entscheidungen zu treffen und neue Wege zu gehen, wenn sich andere falsch anfühlen.

„Deine Zeit ist jetzt!" – das ist mein Motto! Und nach all den Niederlagen glaubte ich immer noch daran. An mich, an mein Konzept und an meinen Traum. Ich hatte immer noch die Motivation und den Mut weiterzumachen, denn ich liebte, was ich tat. Ich behielt meine Spezialisierung bei, strickte ganz wenige, aber dafür spezielle Angebote, die den Frauen gefielen. Ich gewann neue Kundinnen, war meine eigene Marke und konnte Menschen für mich und meine Arbeit begeistern. Ich gewann Vertrauen und wurde Beraterin und Freundin – ich hatte Fans! Diese folgten mir treu und sorgen auch heute noch für weitere Fans.

Heute wachse ich nach und nach, konzentriere mich auf wenige, aber sinnvolle Kooperationen, die ich unter anderem auch durch meine Netzwerkarbeit gewonnen habe. Ich tanze einfach nicht mehr auf jeder Hochzeit und muss auch nicht überall dabei sein. Nur das, was ich tue – dazu stehe ich zu 100 Prozent!

Ich liebe, was ich tue, von daher würde ich es immer wieder tun, und ich danke speziell meinem Mann für seine großartige Unterstützung, Hilfe und Geduld. Im Detail würde ich rückblickend sicher einiges anders angehen und Dingen auch mal ihren Lauf lassen.

Etwas mehr Gelassenheit hat mich erfolgreicher gemacht als der permanente Druck, den ich mir früher selbst gemacht habe. Wenn das Bewusstsein und das Unterbewusstsein die gleiche Sprache sprechen, kann man, so glaube ich, alles erreichen!

Habt Mut zu diesem Schritt, es lohnt sich!

Simone Vay

Petra Weber

- *Kinesiologie und Reiki – mit Leichtigkeit und Freude lernen und leben*

- *Selbstständig seit 2005*

- *Eigene Praxis ab 2013 in Düsseldorf-Benrath*

- *Davor: Forschungsplanung im Controlling bei Henkel*

- *Persönliche Aus- und Weiterbildung in Reiki und Kinesiologie:*

- *Reiki-Meister und -Lehrerin seit 2005; Kinesiologie-Kurse seit 2006 (mehr als 500 Ausbildungsstunden); Brain-Gym-Instructor seit 2014*

- *Jahrgang 1966, verheiratet, zwei Kinder*

- *www.petraweber.net*

Aus der Schwäche in die Selbstbestimmung: mein Weg zu „leichter lernen – leichter leben"

Wenn man mir in meiner Kindheit erzählt hätte, dass ich später als begleitende Kinesiologin und Reiki-Meisterin Menschen und vor allem Kinder unterstützen würde, leichter zu lernen und zu leben, hätte ich es niemals geglaubt.

Meine eigene Schulzeit war mit die anstrengendste Zeit in meinem Leben. Aufgeben war zwar für mich nie eine Option, aber jeder Schultag war ein Kampf, und ich verbrachte die Nachmittage nach der Schule mit mühsamem Lernen und Üben.

Der Grund: Ich hatte eine Lese-Rechtschreib-Schwäche, und damals galt noch die Meinung, dass nur viel Üben helfen würde.

Nachdem sich meine Mühen in der Schule zumindest so weit gelohnt hatten, dass ich einen Realschul-Abschluss machen konnte, absolvierte ich eine kaufmännische Ausbildung und arbeitete später im Controlling der Forschungsplanung bei Henkel.

Als meine Erziehungszeiten zu Ende gingen und mein älterer Sohn in die Grundschule kam, habe ich meinen Job jedoch gekündigt, da es für mich aufgrund der damaligen Ganztagsschulsituation wichtig war, nachmittags für meine Kids da zu sein.

Gleichzeitig drängte es in mir (zum einen aufgrund körperlicher Symptome, die mich massiv in meiner Bewegung einschränkten, zum anderen, weil ich spürte, dass ich mich gern persönlich weiterentwickeln würde), einen neuen Weg einzuschlagen. Über eine gute Freundin wurde ich auf Reiki aufmerksam: Ich besuchte das erste Reiki-Seminar, und während der 21 Tage Eigenbehandlung lösten sich meine körperlichen Beschwerden vollständig auf. Die schnellen und unglaublich positiven Veränderungen, die hier möglich wurden, begeisterten mich für Weiterbildungen in verschiedensten Seminaren. Nach weiteren Reiki-Seminaren folgten Ausbildungen in verschiedenen kinesiologischen Richtungen. Und so ergab ein Schritt den anderen.

Durch die kinesiologische Arbeit wurde mir bald bewusst, wie sehr meine eigene Schulzeit mein Muttersein und somit auch meine Kinder beeinflusste. Als ich das erkannte, habe ich beschlossen, dass ich an mir „arbeiten" wollte, damit sich meine Kinder möglichst frei von meinem Stress und meinen Glaubenssätzen zu Schul-Themen entwickeln können. Gleichzeitig gab es natürlich auch in mir den Wunsch, frei und leicht zu leben anstatt in Angst und Stress. Parallel entstand in dieser Zeit die Vision, Menschen mit Lernschwierigkeiten zu helfen und sie zu begleiten, damit ihnen ein leichteres Lernen und Leben möglich wird, so wie ich es mir immer gewünscht hatte.

Mir selbst ist über Reiki und Kinesiologie klar geworden, wie stark meine Schulthemen mein Leben beeinflusst haben. Wie ich immer kämpfte, um mich sicher zu fühlen, ich musste alles kontrollieren. Später wurde mir bewusst, dass ich immer angespannt war.

Die Angst zu versagen, begleitet immer!

Angst war mein stetiger Begleiter: Angst zu versagen, Angst, es nicht richtig zu machen, nicht gut genug zu sein ...

So entstand natürlich auch zunächst kein wirklich entspanntes und eigenbestimmtes Selbstwertgefühl in meinem Business, welches sich logischerweise auch recht langsam entwickelte. Lange waren meine Ängste und inneren Begrenzungen eine große Hürde auf dem Weg zur Eröffnung meiner eigenen Praxis.

Doch je mehr ich all die im Verborgenen liegenden Glaubensmuster erkannte und begann, sie mit Hilfe der Kinesiologie immer tiefer zu lösen, desto mutiger wurde ich. Desto leichter wurde ich für andere sichtbar, konnte neue Wege gehen, Angebote entwickeln, kommunikativ präsenter auftreten – und darüber auch immer mehr positive Rückmeldung bekommen und einen größeren Klientenkreis aufbauen.

Über die Auseinandersetzung mit mir selbst und mit meinem Leben gelang es mir, mich aus den alten Mustern zu befreien und mit viel mehr Leichtigkeit und Freude, mit Schwung und Lebendigkeit zu gehen und zu handeln. Mein Selbstwertgefühl wuchs, und ich begann mich wirklich glücklich zu fühlen und mein Leben und Arbeiten zu genießen. Ich wurde immer flexibler und kann heute in anstrengenden und schwierigen Situationen vom bisher gegangenen Weg abweichen und etwas Neues versuchen.

Heute weiß ich: Mein eigener Weg hat mich zur Expertin für „leichter lernen – leichter leben" gemacht.

Da mir die Seite der „schlechten Schülerin", der kontrollierenden und anfangs auch ängstlichen Mutter bekannt und bewusst ist, kann ich mich sowohl in Schüler als auch in Eltern gut einfühlen und sehe beziehungsweise erlebe die Begleitung in diesem Bereich als meine große Stärke.

Ich arbeite erfolgreich in Grundschulen und Kindergärten sowie in Einzelbehandlungen und Abitur-Coachings in meiner Praxis, die ich schließlich im Jahr 2013 eröffnete und seither immer erfolgreicher und mit immer mehr Leichtigkeit und Freude führe.

Mein Weg zu „leichter lernen – leichter leben" lehrte mich, achtsam mit meinen Reaktionen zu sein. Wenn ich immer wieder gleich reagiere, dies aber so nicht will, wenn ich nicht in der Lage bin, Handlungen oder Gedanken in dem Moment zu kontrollieren, wenn ich aus Mustern gesteuert werde, wenn mir mein Handeln später leid tut, und ich mich lieber anders verhalten hätte, wenn ich immer wieder das Gleiche denke („Ob das wohl gut geht?" „Ob mein Kind das schaffen wird?" ...), dann schaue ich mir die Situation kinesiologisch an und löse die dahinter liegenden Blockaden und Muster auf.

Wenn es schwer ist, kann ich immer schauen: Warum ist es schwer? Ist es nicht das Richtige oder gibt es etwas, was mich daran hindert, dass es leicht sein kann?

Was braucht die Situation, damit sie sich verändern kann?
Was kann ich tun?

Mein Wunsch ist, mit meiner Arbeit zu mehr Leichtigkeit und Gelassenheit beizutragen, damit Schüler wie auch Eltern ihr Potenzial in Leichtigkeit und Freude entwickeln können.

Mein Anliegen ist, Klarheit zu bringen, denn dann lassen sich Entscheidungen leichter treffen und lebensbeschwerende Zweifel hören auf.

Meine Vision ist, dass jeder das leben kann, was er an Potenzial mitbekommen hat. Dass die Menschen mutig sind, an sich selbst glauben, sich auf ihre Stärken fokussieren und mit ihrem wertvollen Beitrag eine Welt mitgestalten und voranbringen, in der sie selbst und alle anderen glücklicher und zufriedener sind.

Ich bin glücklich, dass ich meinen Weg zu „leichter lernen – leichter leben" gefunden habe und damit gleichzeitig zu einer leichten und freudigen Welt beitrage.

Petra Weber

Jeder kann das leben, was er an Potenzial mitbekommen hat!

Karin Wess

- *Karin Wess –
  für mehr Spaß und Erfolg
  im Business*

- *Verheiratet, eine Tochter*

- *Vom Lehrling zur Marketing-Managerin eines
  internationalen Konzerns*

- *Geschäftssitz: Linz.
  Beratungen finden vor Ort
  oder über skype statt*

- *Keine Mitarbeiter, dafür
  ein virtuelles Team*

- *Alter: 39 Jahre*

- *www.karinwess.com*

Erfolg ist eine bewusste Entscheidung

„Das Leben ist kein Wunschkonzert."

„Streng dich an, wenn du etwas erreichen willst."

„Das Geld liegt nicht auf der Straße."

„Bei den anderen geht das immer so leicht."

Das waren nur einige Glaubenssätze, die ich mit mir herumtrug. Sätze, die mich über Jahre hinweg blockierten und hinderten, tatsächlich erfolgreich zu sein.

Dabei tat ich im Grunde schon seit über 25 Jahren genau das, was ich auch heute tue. Bloß, es war mir nicht bewusst.

Aber der Reihe nach. Denn mein eigentliches Wachstum begann mit einer ziemlichen Niederlage:

„Nein, Karin – wir werden nicht weiter mit dir zusammenarbeiten."

Das war das gefühlte Aus für mich und mein Business. Ich sah schon, wie ich Konkurs anmelden würde, mir einen Job suchen und – mal wieder – um finanzielle Unterstützung bitten müsste. Das Gefühl, gänzlich und vollkommen versagt zu haben, machte sich breit. In jeder einzelnen Zelle. Mir wurde schlecht.

„Du musst unsere Produkte noch heute aus deinem Angebot entfernen."

Dabei war anfangs alles so spielend einfach. Ich hatte eine der größten Internet-Plattformen im deutschsprachigen Raum zum Thema Anti-Aging aufgezogen. Über eine Presseaussendung, die ich bei mir veröffentlichte, kam die Anfrage: „Hätten Sie Interesse daran, den Generalvertrieb für unser Produkt zu übernehmen?"

Zugegebenermaßen ich hatte keine Ahnung vom stationären Vertrieb, schon gar nicht vom Fachhandel, und obendrein deutlich weniger Know-how über Kosmetika als die Durchschnittsfrau. Dennoch sagte ich zu, stapelte hoch – und sollte gewaltig verlieren.

Was folgte, war als Erstes der klassische Höhenflug. Das Produkt, eine Anti-Aging-Creme, schlug ein wie eine Bombe. Die Verkaufszahlen schnellten massiv in die Höhe. Die Produktion kam kaum nach, ich auch nicht. Dafür aber ein flinker Anwalt, der mir eine Markenrechtsklage ins Haus lieferte. Es ging um mehr als 10.000 Euro.

Spätestens da hätte ich wohl die Finger von dem Projekt lassen sollen, denn nun wurde mir bewusst, wie viel ich noch nicht wusste. Ich lernte, informierte mich, schloss Verträge ab, füllte Formulare aus, sicherte Behörden zu, dass dieses Produkt sicher und allen in der EU geltenden Vorschriften entspräche – ohne all dies wirklich hundertprozentig zu wissen.

„Wer nicht wagt, der nicht gewinnt!" wurde zu meinem täglichen Mantra. Immer mit Bauchschmerzen, immer darauf bedacht, meinen Kopf nicht selbst zu sehr in der Schlinge zu haben.

Nach dem Höhenflug kam der Sturzflug

Was jedoch auch zu einem Höhenflug gehört, ist der Sturzflug. Und der kam. Denn die Umsätze wurden weniger, Händler sprangen nicht dermaßen auf das Produkt an, wie es nötig gewesen wäre, um die Kosten für Werbung und Pressearbeit zu decken. Die Umsätze wurden weniger, meine Ausgaben jedoch stiegen. Massiv. Was es gebraucht hätte, wäre ein Vertriebsprofi gewesen, der vor Ort hätte agieren können. Doch das war ich nicht.

Nach bombastischen fünfstelligen Monatsumsätzen folgte eine mittlere fünfstellige Zahl auf meinem Konto – im Minus. Und dann das Aus. Das Produkt musste aus dem Sortiment, und damit verschwand auch alle Hoffnung meinerseits, aus dieser Misere irgendwie in einem halbwegs absehbaren Zeitraum wieder rauszukommen.

Aus der Traum, in dem ich durch den Großhandel eines kosmetischen Produkts mega-erfolgreich in einem Markt werden wollte, der jährlich fantastische Zuwachsraten hatte. Was blieb, waren ein nervöser Bankberater, ein ziemlich unentspannter Ehemann und ein Kontostand, der Spaß gemacht hätte, wenn nicht das dicke Minus davor gestanden hätte.

In Summe häufte ich weit über 60.000 Euro Schulden an. Und ein Lager voll von Körper-Peelings, die zwar jeden begeisterten, aber doch niemand kaufen wollte. Denn ja, ich hatte nicht nur den Exklusiv-Vertrag für zwei unterschiedliche Kosmetikprodukte, sondern dachte zudem, selbst groß in den Beauty-Bereich einsteigen zu können. Investition: rund 13.000 Euro.

Online-Marketing, unzählige Weiterbildungen, meine Stelle als Marketing-Managerin eines internationalen Konzerns, ein BWL-Studium und an die 100 Fachbücher hatten nichts daran geändert: Meine großartige Geschäftsidee war der totale Reinfall.

Und das nicht zum ersten Mal. Soweit ich zurückdenken kann, war ich mehr oder weniger immer auf der Suche nach einer Möglichkeit, mich selbstständig zu machen. Es ging mir dabei viele Jahre nicht so sehr um das Gefühl der Selbstständigkeit, sondern um die finanziellen Möglichkeiten.

Lange war ich nebenbei selbstständig, wagte den endgültigen Sprung nicht. War beruflich sehr erfolgreich, erklomm die Karriereleiter, wie es geplant war. Doch im selbstständigen Bereich kam ich nicht richtig vom Fleck. Scheinbar alles, was ich ausprobierte, kippte kurz vor dem tatsächlichen Durchbruch. In einer erschreckenden Regelmäßigkeit.

Geld verdienen stand im Vordergrund. Ich war stets nur auf der Suche nach dem Wie. Hinterfragte jedoch nicht das Warum. Und dann fiel der Groschen. Mir wurde klar, ich war genau dort, wo ich stand, nur deshalb, weil ich mich so entschieden hatte.

Ja, ich hatte mich für die Niederlage entschieden.

Ich hatte in meinem Kopf entschieden, nicht der Verkaufsprofi zu sein, der das Blatt hätte umdrehen können. Ich hatte mich entschieden, an all den limitierenden Glaubenssätzen festzuhalten und sie mir weiter vorzusagen. Ich hatte entschieden zu jammern – laut und deutlich. Und ich war es, die entschieden hatte, zu viel Geld zu investieren.

Ich war verantwortlich für den Trümmerhaufen, vor dem ich nun stand, und es war meine Aufgabe, ihn wieder aufzuräumen.

Mit dieser Erkenntnis entstand eine neue Lebenseinstellung: Ich entschied mich dafür, „pro" zu werden, wie ein Vollprofi zu denken und zu handeln und nicht wie ein naives Wiener Mädl. Verantwortung für mein Tun zu übernehmen und nicht weiter blauäugig an die Sachen heranzugehen.

Es hieß umdenken. Ich begann, auf meine Ängste zu hören und herauszufinden, was genau sie mir aufzeigen wollten. Und mich ganz klar auf mein Warum zu konzentrieren. Dabei fiel mir ein Gespräch mit einer Psychologin ein, das ich im

> *Ich entschied ich mich nicht für das Geld, sondern für den Erfolg.*
> *Und bekam am Ende beides.*

Herbst 2009 hatte. Es ging um meinen perfekten Tag. Nun waren auf einmal all die Bilder wieder präsent. Der rote Faden lag klar und deutlich vor mir, und ich hatte nichts weiter zu tun, als ihn aufzugreifen.

Mein Umdenken veränderte mich stark, prägte die Art, wie ich Entscheidungen traf, und davon gab es nun einige zu fällen. Doch die erste war die wesentlichste:

Ich packe all mein Know-how zusammen, siebte aus, kehrte vor der eigenen Haustür, ließ viele Ideen, Konzepte und Altlasten los. Fing ganz neu an und war letztendlich innerhalb von zwei Jahren schuldenfrei.

Das Buch „Turning Pro" von Steven Pressfield war mir dabei ein treuer Begleiter. Durchhalten, Dranbleiben und Weitermachen sind meine Motoren, und meine Disziplin liefert mir die Motivation auf Bestellung.

> *Denn mir ist klar: Erfolg ist eine bewusste Entscheidung.*

Karin Wess

Warum ich dieses Buch mache

Die kraftvollsten Ideen sind diejenigen, die aus dem ureigenen Erleben und Fühlen heraus stammen, als Ausdruck von etwas, das einem wirklich am Herzen liegt. So entstand auch dieses Buch.

Selbstständig bin ich schon lange, doch vor etwa anderthalb Jahren bekam ich zu spüren, was das in aller Konsequenz bedeutet: Zum ersten Mal hatte ich für meine Arbeit richtig gut Geld verdient. Prompt klopften Finanzamt und Krankenkasse an. Was das bedeutet, muss ich keiner Unternehmerin sagen.

„Warum tu ich mir das an?" – 60 Stunden die Woche, maximal 10 Tage Urlaub im Jahr . Gas geben ohne Ende und wenn dann doch mal etwas passiert und du nicht genug gibst – gibt es kein Netz und keinen doppelten Boden, sondern nur Hartz 4. In diesem angeschlagen Zustand fuhr ich zu einem Seminar für Unternehmerinnen. Dort traf ich tolle, toughe, erfolgreiche Frauen: Vor lauter Ehrfurcht fühlte ich mich noch unfähiger. Allerdings wusste bis zum letzten Seminarabend keine von uns etwas über die Position und Firma der anderen: Denn wir hatten die Anweisung, kein Wort darüber zu reden.

Als nun endlich jede Frau sich vorstellen konnte, war ich schwer beeindruckt: Eine nach der anderen erzählte offen und ehrlich ihre Geschichte. Die eine musste mit der Insolvenz kämpfen, die nächste wurde von Geschäftspartnern betrogen oder ausgenutzt und weiter gab es Geschichten über Hinfallen und Aufstehen. Sogar Top-Geschäftsfrauen, die Weltunternehmen leiten, hatten irgendein „schlimmes Ärgernis" erlebt! Und trotzdem haben sie es geschafft, keine hat aufgegeben! Jede hat alles gegeben, nur nicht auf.

In einem weiteren Seminar erlebte ich ähnliches, und ich dachte mir: So etwas muss doch mal jemand aufschreiben! Der Gedanke blieb im Hinterkopf.

Der Gipfel dieses turbulenten Jahres war die vollständige und nervenaufreibende Trennung von meinem sogenannten Geschäftspartner, der mich beleidigte und denunzierte und mich schlussendlich zu einem Nervenzusammenbruch führte.

Nach Tagen der Besinnung und des Nachdenkens war mir klar, ich muss mit all diesen Geschichten an die Öffentlichkeit gehen, denn … Es gibt so viele von uns – Wir reiben uns auf und geben alles und das wird alles nicht gesehen …

Die Erlebnisse der Unternehmerinnen haben mir, als es mir so schlecht ging, Mut gemacht, mich nicht unterkriegen zu lassen. Ich sah: Nicht nur mir geht es so, dass ich Fehler mache. Ich stehe nicht allein da mit meinen Sorgen und Nöten. Nein, auch den anderen geht es so!

Ich bin der Meinung, dass es nicht schlimm ist zu erzählen, dass man keinen Erfolg hat. Fehler sind menschlich, also stehen wir dazu! Da gibt es nichts zu beschönigen und zu rechtfertigen. Nein, übernehmen wir Verantwortung und nennen wir das Kind beim Namen: Da hab ich mich nicht gekümmert, da war ich geldgierig, selbstsüchtig, neidisch, naiv, und deshalb ist es passiert ...

Ich danke allen Autorinnen, dass sie so mutig und uneitel sind, sich einmal nicht nur von der Schokoladenseite zu zeigen, sondern uns an ihren Erfahrungen teilhaben zu lassen und wertvolle Informationen, Anregungen, Empfehlungen und auch Warnungen mit auf den Weg zu geben. Trotz aller Widrigkeiten sagen sie alle: Ich bin Unternehmerin mit Leib und Seele.

Es gibt so viele von uns. Wir können eine starke Gemeinschaft sein – ich rede nicht nur von einem formellen Netzwerk, ich meine eine übergeordnete Gemeinschaft, eine bodenständige, gesunde gesellschaftliche Gruppe mit einer Haltung der Solidarität, auch wenn man sich vielleicht gar nicht kennt oder nie begegnet. So kann immer mehr Resonanz entstehen. Eine Lobby für weibliches Unternehmertum. Mehr Wahrnehmung, mehr Wahrheit und Wertschätzung, ohne dass wir uns künstlich aufplustern müssen oder sonst eine „Masche" abziehen, die uns eigentlich fremd ist.

Dieses Buch soll Sie animieren, viel mit anderen Unternehmerinnen zu sprechen – gern auch mit den Autorinnen Kontakt aufzunehmen, sich gegenseitig zu unterstützen.

All diese wertvollen authentischen Lebenserfahrungen sollen einer breiten Öffentlichkeit zugänglich sein und auch so manches Vorurteil geraderücken, das aufgrund von Unwissenheit und Missverständnissen gebildet wurde. Damit muss mal Schluss sein.

Sind wir Unternehmerinnen wirklich zu beneiden?

Wir sind nicht reich – dafür unabhängig. Aber zu welchem Preis? Vielleicht fahren wir schicke Autos und tragen schöne Klamotten, aber entgegen der landläufigen Meinung können wir nicht arbeiten, wann wir wollen – wir arbeiten, wann wir müssen. Wenn der Job es verlangt, mit Nachtschicht und Wochenend-Arbeit, um unsere Existenz zu sichern. Wir haben Verantwortung gegenüber unseren Familien, unseren Mitarbeitern, unseren Kunden, der Gesellschaft und dem Staat gegenüber. Unser enormes Engagement, unsere viele und oft harte Arbeit muss mehr wahrgenommen und wertgeschätzt werden.

Es sind wirklich Mutmach-Geschichten und kein Jammerlied. Dieses Buch will zeigen, was wir Unternehmerinnen alles erschaffen, unter dem Motto: „Schaut euch das mal an! So – jetzt wisst ihr Bescheid." Das gilt letztlich nicht nur für Frauen, sondern auch für den gesamten Mittelstand.

„Ich mache ein Buch!"

Schon immer habe ich davon geträumt, selbst ein Buch zu machen. Ich liebe Bücher. Das Buch ist ein Stück unserer Kultur, und die Bücherwelt ist so facettenreich und beeindruckend.

Ein Schlüsselerlebnis hatte ich vor fünf Jahren. Ein Kunde kam mit zwei oder drei Kartons voll handgeschriebener Gedichte und liebevoller Kalligraphien auf Pergament. Diesen wertvollen Schatz hatte seine viel zu jung verstorbene Frau hinterlassen. Nun wollte er daraus einige Erinnerungsstücke für Freunde machen lassen. Ich war berührt und fasziniert. Das musste mit Feingefühl gemacht und etwas Besonderes werden. Ich wählte drei verschiedene Papiere, auch Pergament, eine besondere Bindung, dazu gab es noch ein persönliches Anschreiben. Es wurde ein ebenso ästhetisches wie authentisches Buch.

Menschen haben so viel zu erzählen … Damit war auch ein neuer Geschäftsbereich geboren, und seitdem machen mein Team und ich mit viel Freude auch Firmenchroniken, persönliche Erinnerungen und andere Geschichten zu individuellen Büchern.

Nun also die Mutmachgeschichten von Unternehmerinnen: 500 Bücher wollte ich ursprünglich drucken, an die 20 Autorinnen sollten mitmachen. Doch wie so oft, wenn man erst mal drin ist im Projekt, dann wächst es weiter. Die Idee stieß auf große Resonanz, es wollten immer mehr Frauen mitmachen, und auch meine Vision wurde immer größer, ich konnte mir immer mehr vorstellen. Neue Ideen kommen ständig dazu, der nächste Band steht im Grunde schon …

Die Form muss zum Inhalt passen. Da der Inhalt dieses Buches mir sehr wertvoll ist, habe ich bei Lektorat, Illustrationen und Layout in Qualität investiert. Ebenso müssen Papier, Druck und Bindung hochwertig sein. Gedruckt wird in Deutschland bei einer persönlich bekannten Druckerei, das ist zwar nicht die „billigste" Lösung, aber ich möchte Unternehmerkollegen fördern und beitragen, dass deren Mitarbeiter gutes Geld für gute Arbeit bekommen und es

solche Druckereien, deren Qualität ich so schätze, auch morgen noch gibt.

Ein Buch wie dieses herauszugeben, das bedeutet ich mich schon neues Terrain. Auch wenn es Mehrarbeit bedeutet: Ich nehme alles selbst in die Hand, soweit das möglich ist. Da bleibe ich mir treu. Denn ich habe immer wieder erfahren: Worum ich mich selbst kümmere (das heißt nicht, alles auch selbst zu tun), mit den Beteiligten kommuniziere, da läuft es auch.

Und ich übernehme keine Wege, die zwar für andere funktionieren mögen, aber mir nicht liegen. Da bin ich konsequent. Ich mache etwas mit Herzblut oder lasse es sein. Auch wenn dieser Weg steiler und steiniger sein mag: Es ist meiner. Ich werde daraus lernen, das ist auch klar.

Ich wünsche Ihnen, auch im Namen aller Beteiligten dieses Buches, viel Spaß beim Lesen und vor allem, dass Sie nützliche Informationen für sich als Unternehmerin herausziehen können.

Über Ihr Feedback würde ich mich sehr freuen. Und wenn Sie beim nächsten Band dabei sein möchten, kontaktieren Sie mich einfach.

Geben Sie weiterhin alles, nur nicht auf!

Ihre

Stephanie Feyerabend

Sabine Kieber

- *Innenarchitektin und Reiki-Meisterin*
- *Mutter von zwei Jungs*
- *Alter 49*

Die Illustratorin

Geboren in Vigo/Spanien als älteste Tochter von drei Kindern einer Lehrerfamilie, habe ich von Anfang an viel Sonne mitbekommen.

Als meine Eltern nach fünf Jahren Auslandsaufenthalt nach Deutschland zurückkehrten, erlebten wir eine behütete Kindheit in einer Reihenhaussiedlung mit vielen Spielkameraden. Der Umzug zwei Straßen weiter in ein größeres Haus brachte mehr Platz und die Pflege der Großeltern, was uns alle sehr geprägt hat.

Schon immer kreativ und handwerklich begabt, habe ich nach dem Abitur Innenarchitektur studiert. Im Examensjahr lernte ich meinen Mann kennen, und nach Heirat und vier Berufsjahren kam unser erster Sohn zur Welt. Der nachfolgende Erziehungsurlaub verlängerte sich durch die Geburt des zweiten Sohnes auf sechs Jahre, wonach ich wieder halbtags anfing zu arbeiten. Nach fünf Jahren Teilzeittätigkeit in einem Anderthalb-Personen-Büro wurde ich durch die Auswanderung meines Chefs arbeitslos und wusste:

So möchte ich nicht weiterarbeiten!

Mir fehlte der soziale Aspekt, und ich machte eine Ausbildung zur „Fachkraft für barrierefreies Bauen". Nach meinem Praktikum und vielversprechenden Kontakten hatte ich eine Vollzeitstelle in Aussicht. Doch ich wollte auch für meine – gerade mit dem Gymnasium-G8 beginnenden – Jungs da sein und wurde wieder Hausfrau und Mutter in Vollzeit.

In den Jahren zu Hause kam ich durch meine Freundin Petra zu Reiki, begann einen ganzheitlich orientierten Lebensweg und erlebte alle drei Reiki-Ausbildungsgrade. Parallel machte ich einen Kurs zur psychosozialen Begleitung Sterbender und arbeite seitdem ehrenamtlich auf einer Palliativstation in der Sterbebegleitung.

Inzwischen lebe ich mit meinen Söhnen getrennt von meinem Mann und fragte mich schon lange, wo das Leben mich hinhaben will.

Jetzt mache ich eine Ausbildung zur Feng-Shui-Beraterin und verbinde damit meine Erfahrungen der Innenarchitektur mit der ganzheitlichen Denkweise und Spiritualität der fernöstlichen Kulturen. Mein Wunsch ist es, Menschen eine speziell an ihre Bedürfnisse angepasste Wohnumgebung zu schaffen. Einen Ort, an dem sie Kraft schöpfen können, um gesund, glücklich und erfolgreich zu sein.

Als meine Reiki-Lehrerin Petra Weber den Kontakt zu Stephanie Feyerabend herstellte, war ich mir durchaus nicht sicher, ob eine Buchillustration für mich zu schaffen ist. Doch mit jeder fertiggestellten „Illu" und der positiven Resonanz von Stephanie kam mehr Sicherheit und das Gefühl „Das wird schon"...

Und jetzt liegt das Buch hier vor mir. Unglaublich!

Also: Spring! Und du wirst bei dir landen.

Sabine Kieber

**Schenkt das Leben dir Zitronen –
dann mache Limonade daraus!**

Holunderblüten-
Zitronen-Limonade

100 ml Holunderblütensirup
frische Pfefferminze
1 Zitrone
900 ml Wasser
Eiswürfel

Die Hälfte der Zitrone auspressen und
die andere Hälfte in Scheiben schneiden.
Alle anderen Zutaten beigeben und
die Erfrischung genießen!

Good
drink